안정언 나무기러기 꿈 일상의 행복

AHNCHUNGUN

안정언 나무기러기 꿈 일상의 행복

유년시절부터 줄곧 그림재주로 눈길 받으며 미래의 꿈을 키웠습니다. 특히 어린 시절에 훌륭한 뜻을 두신 잊을 수 없는 몇 분 선생님의 헌신적 이끄심이 계기가 되어, 한 생을 디자이너라는 직업으로 삶을 녹이게 된 것이 아닐까 생각해봅니다. 이 책에 수록된 약간의 이야기는 생의 족적을 더듬으며 쓴 글과 그림입니다.

1942년에 나서, 부산에서의 성장기는 줄곧 그림에 심취한 세월이었고, 1960년, 서울대학교 미술대학 응용미술학과 입학, 그리고 길다면 긴 우여곡절 끝에 졸업한 것이 1969년, 평생 디자인에 운명을 걸게 된 인생 제2의 출발이 되었습니다.

1972년에 그 당시로서는 산업디자이너 등용문 격이었던 상공부 주최, 제7회 상공미술전람회(현재는 한국디자인전람회)에서 2등상 격의 국회의장 상을 수상하고, 1974년에 한국디자인포장센터(현재 한국디자인진흥원의 전신) 이사장 상을 수상하면서 본격적으로 디자이너로서의 진로를 밟게 됩니다.

1973년에 대학 강단에 서게 되면서 1976년에 숙명여자대학교 전임강사로 시작, 31년 간 봉직하여 2007년 '명예교수'로 퇴임하게 됩니다.

재임 기간 중, 1989년에는 미술대학장, 2004년에는 박물관장과 문화원장, 산업디자인 소장을 겸하면서 정년으로 은퇴 시까지 이 대학에서의 소임을 다합니다.

1981년부터는 본격적인 필드 활동을 겸하게 되어 기업이미지 디자인연구소 '올 커뮤니케이션'을 설립하여 2002년까지 이 조직을 이끌었습니다. 그리하여 1982년, 제일은행 CI(Corporate Image Identification System) 디자인 개발로 그 당시 사회적으로 큰 반향을 일으킨, CI를 통한 기업 이미지 대혁신의 신기원이 마련되었습니다. 이후 1983년부터 문구업계의 신성 바른손 카드 CI와 대한민국 체신부 CI를 필두로 2016년까지 30여 년을 CI 디자인 분야에서의 다채로운 실적을 꾸준히 쌓아왔습니다.

사회 전문분야 활동으로는 1987년 서울올림픽 준비위원회의 디자인 전문위원, 1999년 예술의 전당 디자인 운영위원 등을 맡았고, 2020년 현재까지 각종 심의, 자문 위원회 위원 등으로 활동하고 있습니다.

때로는 분에 넘치는 찬사를 받기도 하면서 이제껏 비교적 건강한 육신으로 일을 할 수 있었다는 것은 온전히 주님의 은혜라 생각하며 항상 감사하고 있습니다.

앞에 소개한 디자인계 입문 형 수상 외에 기념이 될 수상 실적으로는 1981년, 한국시각디자인협회 회원이 뽑은 회원 상의 영예를 안게 되며, 여기서의 수상작 '한국의 이미지' 주제 '학 그림' 포스터는 바른손 카드사의 연하장으로 상품화 되어 폭발적인 반응을 얻습니다.

이후, 소위 '디자이너스 카드'라는 이름의 연하카드가 연하장 시장의 주축 상품 군으로 자리 잡는 한 시대를 이끌게 됩니다.

1982년에는 한국 출판문화협회에서 주최하는 제3회 한국어린이도서상, 동화 그림책 일러스트레이션 부문에서 '전래동화' 『해님달님』(어문각 출판)으로 단독 수상하여 한국 최초로 본격적 형식을 갖춘 어린이 그림책의 출범이 이루어졌고 이듬해에는 일본 호루푸 출판사에서의 일어 판 번역출간이 계기가 되어 우리 그림동화가 해외에 소개되는 시발점이 되기도 했습니다.

기타 주요 수상 실적으로는
1994년 동탑산업훈장 수훈,
1996년 한국 디자이너 100인 선정,
2003년 제8회 가톨릭 미술상 디자인 부문 본 상 수상,
2015년 제4대 한국 '디자이너' 명예의 전당 헌액,
2018년 대한민국 보관문화훈장 수훈 등이 있습니다.

안정언 나무기러기 꿈 일상의 행복

펴낸날 2021년 11월 11일
펴낸곳 (주) 새로운사람들
서울 도봉구 덕릉로 54길 25(창동557-85) 우 01473
펴낸이 이재욱
전화 02-2237-3301, 02-2237-3316
팩스 02-2237-3389
이메일 ssbooks@chol.com

글과 그림 안정언
디자인 김경환/올커뮤니케이션
사진촬영 김우상

등록 제2-1825호(1994년 10월 27일)
ISBN 978-89-8120-629-1 (02810)

이 책을 펴내며 특별히
기억되는 분들,

나무기러기 꿈을 담은 글과 그림 그리기를 시작하면서부터 각별한
사랑으로 용기를 부어 주신
이명수님, 그리고 김지배님 내외분,

따뜻한 시선으로 끝까지
살펴 응원해주신 현명숙님, 그리고 유병숙님 내외분, 한종인님,

그림이 빛을 발하도록 성심으로 작품 촬영에 임해주신 김우상님,

디자인 작업에 정성을
다하신 올커뮤니케이션의 김경환님과 김영기님,

이 책이 세상에 나오도록 세심하게 거두어 이끌어 주신 이재욱님,

특히 초지일관 지극한 열정으로
빈틈없이 챙겨 주시고,
출판 프로세스 관련 물심양면의
지원을 아끼지 않으신
상완누님 등,

여러분께 큰 은혜 입은 감사의 심정을 밝혀 둡니다.

안정언

인류가 최초로 달 탐험에 나서며 담았다는 지구의 모습을 접한 순간 당혹감에 휩쓸렸습니다. 광막한 우주공간에 떠 있는 조그만 구슬에 불과한 곳에서 복대기며 사는 인간을 생각하니 너무나도 하찮고 그지없이 미미하다는 생각이 들었기 때문입니다. '인간이란 도대체 어떤 존재이며 산다는 건 어떤 의미일까? 또 어떻게 사는 게 정답일까?' 복잡한 상념들이 꼬리에 꼬리를 물어도 해답은 없었고, '나 또한 출렁이는 물결에 속절없이 흔늘거리는 부초나 다름 없는 존재인가?' 하는 착잡함만 남았습니다. 그래도 자식을 둔 부모의 심정인지라 생각을 가다듬게 됩니다.

자식이 넷이어도 하나같이 보배로워, 풍족하게 해주지는 못했어도 애지중지 거두며 세 아이들은 혼사를 치렀지만 혼기를 잔뜩 넘겨 부모 가슴을 죄던 맏이의 혼인을 앞두고서는 생각이 많아졌습니다. 어느새 장년 줄에 들어선 자식을 보는 애처로움에 더하여 잘 살아주기를 바라는 기대심리가 뒤엉켜 교차했기 때문입니다.

'내 생에 멘토는 없었지.'

지난 세월을 두고 가장 아쉽게 여겨왔던 부분입니다. 형이나 누나가 있어서 삶의 길에 등대가 되어 살갑게 이끌어 주었다면 삶이 더 알차게 여물지 않았을까 하는 막연한 결핍증 같은 것이 없잖아 있었습니다. 하여, 사랑하는 아들딸들은 나보다 훨씬 행복하게 살아가기를 바라는 마음에서 내가 멘토가 될 수는 없을까 하는 조바심 같은 것이 일었습니다.

부모이다 보니 당연히 자잘한 걱정거리를 쌓게 되나 봅니다. 그렇다고 해서 얘네가 부자로 화려하게 살아줬으면 하는 허황된 탐심 같은 것은 품어 본 적이 없습니다. 행복이란 걸 뭐 그리 대단한 데서 구하려는 건 아니니까요.

각자 소신을 갖고 꿈꾸는 분야에서 재량껏 능력을 펼치며 그저 큰 욕심 부리지 않고 남의 손가락질 받지 않을 정도의 안정된 살림살이로 아름다운 추억을 만들며 산다면 그것이 참 행복이려니 하는 일념입니다. 짐짓 이렇게 마음은 먹으면서도 때로는 젊은이들의 일상에 끼어들어 참견하고 훈수를 두고 싶을 때가 있게 마련입니다.

그러나 각자 성인으로 나름의 생각과 주장이 있는 바라 부모라 하여 함부로 이래라 저래라 할 계재는 아닌 것 같았습니다.

여러 가지로 잡다한 생각에 내밀리던 차, 우연한 기회에 전통혼례에 등장하는 나무기러기(木雁)를 떠올리게 되면서, 나무기러기를 소재로 하는 그림을 그려 거기에 평소 건네고 싶었던 소소한 사념 따위를 펼쳐 보이면 어떨까 하는 심산에서 시작한 것이 '나무기러기 꿈, 일상의 행복'이라는 이야기로 모였습니다.

먼저 기러기의 속성부터 짚어야 할 것 같습니다.

기러기는 한 번 짝이 되면 생명이 진할 때까지 하나 된 삶을 이으며 어느 한 쪽만 살아남게 되더라도 끝까지 홀로 수절한다고 합니다. 더구나 신통한 점은 태어나면서부터 자연스레 지시와 명령이라는 거느림의 형태란 것이 애초에 없다는 것입니다. 오로지 '공평'이라고 하는 태생적 삶의 양태로 자발적 희생만을 앞세우는 조류로 알려지고 있습니다.

일찍이 우리 조상은 기러기의 삶을 본으로 삼아 살아야겠다는 의지를 표명하는 형태로 나무기러기를 착안하게 되었던 것 같습니다. 물론 지구상에는 부부일체의 속성을 가진 동물이 여러 종 있습니다만, 기러기를 본으로 한 데에는 그 만한 사유가 있으리라 생각됩니다.

우리의 전통 혼례풍습에서는 신랑이 나무로 만든 기러기를 신부 댁으로 가져가서 혼인 예를 치르고 부부로서의 백년해로를 기약하는 징표로서 고이 간직했던 것으로 알고 있습니다.

기러기 삶의 생태적 특성과 결부시킨 약간의 이야기는 삶에 쫓겨 인생을 되돌아볼 겨를도 없이 숨 가쁘게 달려왔던 지난날들을 회상하며 모아 본 아쉬움의 낱알들입니다. '가랑비에 옷 젖는다.'고, 하찮은 이야기라도 이따금 한 꼭지씩 읽다 보면 간혹 삶에 밑거름이 될 여지도 있으려니 하는, 부모로서 자식을 보는 기대감을 담은 것이기도 합니다. 따분하고 시답잖다 싶어도 그렇게 이해해준다면 정말 고마운 일이겠습니다.

모난 돌도 부대끼고 깎여 세월과 더불어 둥글게 된다는데, 하물며 인간인들 다를 바 있을까요? 타고난 성품을 바꾸기는 어려워도 자신의 성정을 의지로 다스릴 수 있는 것이 인간이라고 하지 않습니까? 생을 영위하는 조건이나 마음가짐에 따라 삶의 격과 질이 결정되는 법이겠습니다.

산다는 것이 항상 순조로울 수만은 없어서 이런저런 예기치도 않은 일들을 불시에 만날 수도 있고, 숱한 우여곡절을 겪으며 사는 것이 인생인 것 같습니다. 때로는 거센 시험의 파고에 휩쓸려 온갖 풍상 다 겪는다 할지라도 마부작침(磨斧作針), 쇠도끼를 갈아 바늘을 만든다는 각오로 마음을 다스리며 지혜를 모아 이겨낸다면 기어이 기회의 문은 열릴 것이며 시련이 곧 배움의 기회였다는 사실을 깨닫게 될 것입니다.

살아감에 있어 가장 든든한 재산은 물질보다 정신이라는 생각을 하게 됩니다. 물질이란 것은 지키고 싶다고 해서 쉽게 지켜지는 것이 아니다 보니 결코 내 것이랄 수 없겠으나 정신은 누구에게서도 빌려 받을 수 없는 자기만의 제어 수단이 될 수 있는 거니까요. 자기관리가 철저한 만큼 미래를 확보할 기초는 물론 삶의 질도 높아질 것이며, 존경과 신망을 받는 빛나는 인간미로 살아갈 수 있을 것이라 믿습니다.

세월을 더하면서 지긋하게 무게가 실리는 삶이라면 자랑스러운 삶이었다고 말할 수 있지 않을까요? 인생의 행복 결실, 꿀 맛 같은 삶이란 결국 스스로가 개척해야 할 목표이며 이정표일 수 있기 때문입니다. 지극히 이성적이고도 강인한 정신력이 요구되는 이유입니다. 욕심 사납게 요란한 행복을 좇을 이유는 없습니다. 분수에 맞는 작은 보폭으로 조그만 행복을 일상으로 다져가는 삶의 형태가 아름다운 행복 쌓기이며, 이것이 진정으로 달콤한 생을 혜택 받는 길이 아닐까 생각해봅니다.

꽃 지고 열매 맺는 계절에

안 정 언

차 례

셋째 마당 교육을 생각하며

넷째 마당 삶을 보는 눈

다섯째 마당 디자인 정신

여섯째 마당 미래를 생각하며

부 록

올커뮤니케이션은
기업 이미지 디자인 전문
연구 기구로 설립되어
2021년 올해로 40주년을 맞습니다.

올커뮤니케이션은
인간존중 정신의 기치아래 우리나라 브랜딩 발전사에 뚜렷한 발자취를 남기며 오늘을 호흡하고 있습니다.

오직 인본주의 디자인 정신 하나로 무장하여
긴 세월을 불철주야 함께 고생하며 진력을 다하신
멤버 여러분, 진심으로 감사합니다.

올커뮤니케이션은
나의 디자인 인생을
아름답게 꽃피운 고향입니다.

안 정 언

AHN CHUNGUN

첫째 마당
기러기 사랑, 가족

스스로를 살펴 사랑하면
삶이 한결 새롭고,
모든 일이 가득한 사랑으로 안겨 옵니다.

'함께'의 의미를
다지며 사는 것이
참 행복의 길입니다.

정 나눔의 이치도 모르고
사랑 조차 등진 삶이라면
이즈러진 달처럼 처량하고 서글픈 모습이라 할 수 있습니다

한 번 짝지어 살면 수절까지도 한다는 기러기 이야기처럼, 우리 인간도 부부로 하나 되면 평생을 해로하며 희로애락을 함께 한다면 참으로 아름다운 삶의 모습이 될 거라 생각합니다. 기러기 닮은 삶을 산다는 의미에서 나무기러기(木雁)를 백년가약의 징표로 삼았던 미풍은 오늘날까지 면면히 이어오는 우리 겨레 고유의 정신문화유산입니다.

어떤 분께서 결혼의 이유에 대해 하신 말씀이 귓속을 맴돕니다.

"왜 결혼을 하느냐고 물으면 대개는 사랑하기 때문이라고 답하지요. 틀렸어요! 함께 살아 갈 백 년의 사랑을 키우고 나누기 위해서라고 답해야 옳지 않을까요? 부부로 살다 보면 상대방의 안 좋은 모습이나 서로 다른 면이 조금씩 드러나게 마련인데 당연히 눈엣가시로 보일 수밖에 없지요.

하지만 이건 아니지 하는 실망감만 앞세워 경솔하게 걸고 나서기 보다는 차분히 지켜보며, 도저히 참기 어려운 단점만 아니라면 애정 어린 시선으로 다독이고 이끌며 때로는 인정할 줄 아는 호혜의 슬기가 요구된다고 생각되어요.

곰곰이 따져 보면 거슬린다는 건 누구의 단점이라기보다는 서로의 관점 차이일 수도 있는 거니까요. 서로 다른 것을 인정하는 배려와 포용의 정신이 생활 속에 포근히 녹아들지 않는다면 참사랑이라 할 수 없지 않을까요?"

이렇게 어조를 높이셨습니다.

나무기러기 꿈,
사랑의 이야기를 담아 민화 풍의 그림을 그리는 뜻은
눈에 가장 잘 띄는 곳에 걸어 두고 항상 보면서
부부로 맺어진 연을 생각하며
진정으로 행복한 삶을 가꾸어 가기를 바라는 간절한 마음에서입니다.

안청언 AHNCHUNGUN

친구와의 점심 약속으로 외출 준비 중이던 아내가 옷 단추 하나가 떨어져 나간 것을 발견하고는 곁에서 충분히 들릴 정도의 목소리로 "아이, 단추가 떨어져 나갔네! 어떡하지?"라고 짜증 섞인 말투로 혼잣말을 했습니다.

마침 가까이 있던 나는 "당신과 떨어져 어떻게 나가지?"로 잘못 들은 나머지, "그럼 내가 호위해 드릴까요?"라고 은근하게 물었습니다.

우리는 한참을 깔깔깔~. 서로를 인정하고 존중하면 웃음이 넘치는 화목한 가정의 모습을 보일 수 있는 것 같습니다. 부부 사이에 하루에 단 한 번씩이라도 크게 웃을 수 있는 일이 있다면 정말 감사한 삶이지 않을까요?

조선조에 등장하는 민화는 본래 실내를 꾸미는 장식화의 구실도 했습니다만 보다 중요한 점은 미래에 대한 기대나 염원 등을 그림으로 담아 매일 보면서 심신을 다독이는 수단으로 활용했다는 점입니다.

이를테면, 말하고자 하는 뜻이나 이루고자 하는 생각을 그림으로 표현한 일종의 '그림언어'지요.

요즘 우리 사회의 이혼율 증가에 대해 한 번쯤 생각해 봤으면 하는 의미에서 나무기러기를 소재로 한 그림언어를 엮게 되었습니다.
어느 가정이나 한결같이 밝고 건강한 삶을 가꾸어 가기를 염원하는 의미입니다.

AHNCHUNGUN

마음이 하나되어 서로 의지하는 부부는 행복합니다.
마음에 바르고 맑은 생각만 담는 부부는 아름답습니다.
마음으로 긍정을 이끄는 부부에게는 즐겁고 행복한 일만 생깁니다.

누구나 살아가면서 굴곡과 풍파는 겪게 마련입니다. 그러나 곧은 심성과 사랑으로 하나된 부부는 서로가 든든한 버팀목이 되어 큰 시련도 거뜬히 이겨내며 미래를 알차게 다져 갈 단단한 디딤돌 위의 모습이 될 것입니다.

이들 부부의 앞길에는 가슴 가득 행복이 꽃 피는 희망의 길만 열릴 것이기 때문입니다.

밝은 꿈을 그리며 사는 삶이
나무기러기의 뜻이라 생각하며
나무기러기 소재의 그림이 행복 울림으로 비춰지는 그날까지
그림 그리기를 이어가고 싶습니다.

안정운 AHN CHUNG UN

치밀한 계획과 꿋꿋한 의지의 노력 없이 꿈꾸는 바를 이룰 수 없고, 아낌없는 희생 없이 쟁취할 수 있는 사랑도 없습니다. 내가 굳이 쟁취라 표현한 이유는 내 안의 나를 다스리는 싸움이 먼저라고 생각해서 입니다. 나를 이기지 못하면 세상의 그 어느 것도 이겨낼 수 없지 않은가요? 사랑을 위해 자신을 이기는 길은 인생 승리의 지름길이라 여겨지기 때문입니다.

조선대의 민화는 화목한 가정, 행복한 삶에의 기대를 그림언어로 표현하며 실내 치장 기능도 겸한 대중 밀착형 생활미술이었습니다. 오늘날 시각디자인 분야에도 소통의 목적성과 함께 꾸밈의 기능도 고려한 장식포스터가 있습니다. 포스터라고 해서 반드시 문자를 필요로 하는 것도 아닙니다.

나무기러기의 의미를 본으로 삼아 그리는 나의 그림은
가정에 어떠한 폭력도, 섣부른 등돌림도 없기를 바라는
스위트홈의 소망을 담은 장식포스터입니다.
이 그림 이야기가 부디 행복 가정을 이루는
씨알이 될 수 있으면 좋겠다는 생각으로 한 걸음씩 옮겨봅니다.

AHNCHUNGUN

부부 사이에는 정이 깃든 부드러운 대화가 필요한 것 같습니다. 소통하려는 마음이 앞서면 어떠한 오해도 눈 녹듯 사라질 것이며 갈등의 골이나 감정폭발의 경우도 생길 리 없겠지요. 그리고 올바른 부부관계를 유지하기 위해서는 그 어떤 경우라도 도발적인 언행을 삼가야 할 것입니다.

언어폭력은 감정에 불을 붙이는 도화선이 되어 결국은 가정 파괴라는 무서운 결과를 초래할 수도 있으니까요. '가는 말이 고와야 오는 말이 곱다'는 속담을 새기고 다져야겠습니다. 정이 넘치는 사랑부부는 행복가정의 기틀 다짐은 물론이려니와 혈연관계를 다스림에도 소홀함이 없는 것 같습니다.

형제자매 간이라 할지라도 자기 가정을 꾸리고 각자의 삶에 매달리다 보면 서로 소원해질 수 있습니다. 더욱이 멀리 떨어져 살다 보면 일부러라도 자주 살펴 관심을 보이고 혈육의 정을 나누어야 할 텐데 그마저도 쉬운 일이 아니게 되지요.

더구나 각자의 생각과 삶의 형태마저 달라지다 보면 우애는 고사하고 묘한 오해마저 키워서 시기하며 미워하게도 되고, 점차 틈만 벌리게 되어 이웃사촌보다도 못한 지경에 이르는 딱한 광경을 보게도 됩니다.

어쩌다 있는 가족모임도 반갑지 않고 부담스럽기만 한 거라면 이 얼마나 딱한 노릇이겠어요? 이를 보는 부모 마음 또한 편할 리 없지요. 게다가 내리사랑이라고 부모에게는 손주가 눈에 밟히는 법입니다. 혈육 간에 넓은 마음으로 서로 살피고 자주 따뜻한 정을 담아 소식을 묻고 왕래하며 정을 이을 수 있다면 얼마나 좋을까요?

이것이 정 나눔의 이치, 사람답게 사는 도리라 생각합니다. '가는 정 오는 정'이라 하지 않던가요?

전통혼례에 등장하는 나무기러기는 원래 살아있는 기러기였겠지만, 언제부터인가 편의성 때문에 나무로 기러기 모양을 만들어 대체했으려니 짐작해 봅니다. 세련된 맛은 찾아볼 수 없지만 형태와 표현이 매우 다양 하면서도 때 묻지 않은 순수함과 소박함이 있습니다.

자연에 순응하고 자연과 호흡하는 우리 고유의 조형 감성이 그대로 녹아 있기 때문입니다. 또 자연조건에 따른 지역마다의 재료 특성이 잘 살아 있어 무척 흥미롭기도 하거니와 대체로 마을의 재주꾼이 솜씨자랑을 한 것이어서 투박한 모습들이기도 합니다.

완성이면서도 모자람이 엿보이는, 그러면서도 오랜 친구 같은, 그야말로 여유로움 가득한 고졸의 미를 보게 됩니다. 전통 민화에서도 능숙한 솜씨를 자랑하는 격조 높은 걸작들을 접하게 됩니다만 질박한 서민 풍의 소박미가 일품인 작품들이 대세를 이룹니다. 보노라면 잔잔한 미소를 머금게 하는 것도 만나게 되는데, 그 속에는 친근한 해학이 꿈틀거리고 있기 때문입니다. 여기서 풍기는 은근한 맛은 모든 것을 부드럽게 품을 줄 아는 우리 고유의 느긋한 심성, 자랑스러운 전통조형감성입니다.

우리네 조형의 여유미를 가슴에 새기며 그리는 나의 나무기러기
그림은 이 땅의 모든 부부가 하나같이 따뜻한 마음으로
사랑스런 눈길을 주고 받으며
진정으로 하나되는 그 날을 손꼽으며 그리는 그림입니다.

AHNCHUNGUN

섣부른 지레짐작이나 편견만큼 위험천만한 일은 없을 것입니다.

사람의 됨됨이를 첫인상에 의존해서 속단한다거나, 어떤 사안에 대한 오해나 신중하지 못한 대처로 인해 돌이킬 수 없는 상황을 자초하는 경우가 왕왕 있는 법이니까요. 긍정도 부정도 쉽사리 해서는 안 될 부분 같습니다.

인간관계에 있어서 사람들은 대체로 자기 관념의 울타리 안에서 상황을 파악하려는 나머지, 오해라는 역작용으로 귀결되는 경우가 많지요. 이는 자신만의 경험체계로 형성된 의식습관이나 사고의 벽에 갇힌 소이 때문이겠습니다. 극단적인 예로 옳고 그름의 통념을 뒤집는 확증편향(자신의 가치관, 신념, 판단 따위와 부합하는 정보에만 주목하고 그 외의 정보는 무시하는 사고방식)이라는 것이 있지요.

보편적인 사고구조로는 접근이 어려운, 참으로 난처한 요지부동의 성상이라 할 수 있겠습니다. 의사소통이 원활하려면 먼저 트인 자세로 여유를 갖고 사실에 다가가려는 균형 감각이 필요합니다.

서로 간에 첨예하게 이해가 상충되면 문제 해소의 실마리를 찾을 길이 없기 때문이지요.

부부들의 마음 씀씀이를 보다 보면 간혹 어떤 부부에게서는 어두운 앞날이 예감될 때가 있습니다. 습관처럼 상대방을 탓하고 험담만 일삼는, 심성이 뒤틀리고 앞뒤 없이 꽉 막힌 부부는 보기에도 애처롭고 도대체 그 살림살이가 풀릴 기미가 보이지 않는 모습의 경우지요.

가정을 일굼에 있어서도 중요한 것은 배려와 존중, 그리고 솔직함과 신뢰가 아닐까 생각합니다. 믿음이 자리하지 못한 가정은 행복가정을 기약할 수 없지 않겠어요? 가족을 챙기고 생계를 꾸리는 일도, 미래를 열어갈 꿈도 이제 역할이 따로 있는 게 아니고 하나 된 부부 공동의 몫이라는 의식이 절실하다 여겨져요.

부부로 만난 것도 인연이라면 인연인데 언제나 시큰둥한 눈길로 밀고 당길 이유만 찾고 있는 거라면 평화가 깃든 온전한 가족의 모습이라 할 수 없기 때문이지요. 이마를 마주하고 열린 마음으로 생각과 경험을 나누며 서로가 격려하고 이끌어 주는, 진지한 사랑의 마음을 키워야 옳을 것입니다. 차가운 표현은 상처를 남기는 반면에 미소 어린 상냥한 표현은 마음의 상처도 말끔히 씻어 내리는 치유력이 있다고 생각합니다. 헤픈 웃음이 아니라면 내가 먼저 웃어서 안 될 일 없고, 그 삶에도 행복과 평화가 가득 스미지 않을까요?.

기러기의 생태를 삶의 본으로 삼아
우리 모두가 행복하기를 비는 마음으로 이어가는
나무기러기 그림 이야기가
건강가정 만들기의 작은 주춧돌이 될 수 있다면 하는
바람이 간절합니다.

안청언 AHN CHUNG UN

'나는 사랑하는 사람을 위해 어떤 노력을 했던가?'
스스로 반문해보지만 도드라지게 이거다 할 게 없습니다. 오히려 여태 내 중심으로 살아왔던 지난날들의 우둔함만 드러날 뿐입니다. 생업에 매진할 수 있었던 건 아내가 곁을 굳게 받쳐 준 든든함이었음을 미처 헤아리지 못했고, 생각해 보려고도 하지 않았습니다. 안타깝게도 내가 잘 나서라고만 여겼던 것 같습니다.

정성 어린 나눔과 베풂의 씨 뿌림 없이는 진정한 사랑의 싹 틔움은 기대할 수 없겠습니다. 지금이라도 늦지는 않았다 생각합니다.

내 사랑 아내가 기쁘게 웃을 수 있는 일이라면
작은 것에서부터 무엇이든 해볼 요량입니다.
그러면 삶도 달콤하고 보람될 것이며
나무기러기의 의미를 되새기며 사는 것이니
행복이 깨 쏟아지듯 하리라 믿습니다.

ㅇㅏㄴㅊㅓㅇㅇㅓㄴ AHN CHUNG UN

불같은 사랑은 분별력을 잃어 상대방의 단점조차도 예뻐 보이도록 하게 마련입니다. 그러나 신혼의 단꿈도 잠시, 설렘으로 가득했던 시간을 넘기다 보면 상황에 따라서는 상대방의 어떤 모습이 거슬려 보이기 시작하는데, 이런 지점에 이르렀다면 대체로 사랑이 희석되어 간다는 신호라고 할 수 있겠습니다.

이 세상 어디에도 내 마음에 쏙 드는 안성맞춤의 사람은 없을 것입니다. 출발이 좋다고 해서 끝까지 좋을 수는 없겠지만 어쩌면 우리는 신기루를 쫓고 있는지도 모를 일입니다.

무의식적으로 받는 것에만 익숙해져 있다면 사랑에 대한 환상은 오래지 않아 여지없이 무너질 수도 있습니다.

그리고 그에 대한 실망이 큰 만큼 갈등도 커지게 되고, 급기야는 돌이키기 어려운 이별로 연결되기도 합니다.

슬픈 결말로 치닫게 되는 연유는 결혼의 진정한 의미를 살피지 못한 데 기인하는 것이라 생각합니다. 서로 사랑하며 행복하자는 약속이 결혼인 것을, 그리고 그 속에는 존중과 배려라는 삶의 아름다움이 있다는 것을 깨닫지 못하기 때문이겠습니다.

짧은 인생 경험에서 오는 성숙하지 못한 판단력과 삶을 보는 시각의 차이 등 여러 요인이 복합적으로 작용하는 것이라 생각됩니다. 결혼할 작정이라면 서로 간에 충분한 관찰과 검토를 거쳐 신중하게 결정하는 게 옳을 것입니다.

또 기왕에 결혼한 것이라면 섣부른 이별로 인해 안고 가게 될 평생의 상처보다는 서로 살피며 양보하는 현명한 처신이 요구됩니다. 괴로움이 있다면 기쁨도 따르는 법이요, 크든 작든 삶의 애환은 누구에게나 있는 법입니다.

결혼이란 반쪽자리 빈 가슴을 사랑으로 채우기 위한 투자인 것이며, 인생의 행복한 결실을 거두는 농사와 같은 이치여서 서로의 이상에 차질이 생기는 문제라고 보는 시각보다 함께 극복하려는 의지의 노력이 더 바람직한 것이라 여겨집니다.

더구나 신혼의 단꿈만이 아니라 사랑의 씨앗을 뿌리고 싹 틔움을 보는 행복의 아름다움인 것이고, 그로 열매 맺도록 희생을 마다하지 않는 인생의 참 의미로 연결되는 길이라 생각됩니다.

결혼생활을 해보지도 않고서는 엄마 아빠와 눈 맞추며 방긋거리는 아기와의 자지러질 듯 정겨운 행복을 상상이나 할 수 있었을까 싶습니다.

결혼 생활에서는 권태기라는 것도 맞게 된다고 하는데요, 서로 간에 살핌이란 것이 자칫 해이해질 수도 있는 시기입니다. 부부간에 아무리 임의롭다 할지라도 존중하는 마음이 무너지면 관계에 금이 갈 수 있는 일이니 늘 언행에 조심해야 할 문제라 생각됩니다. 살다 보면 부부 사이에 느닷없이 찬 서리 비바람 칠 때가 있습니다. 상대방의 가슴에 알게 모르게 누적된 불만의 감정이 어느 날 갑자기 태풍이 되어 휘몰아쳐 오는 상황인 것이지요.

아기가 생기자 아내는 이삼 년 정도 육아에 전념하게 되어 본의 아니게 남편인 나에게 소홀할 수밖에 없었습니다. 신경도 몹시 날카로워졌고요. 사실 아내는 육아로 인한 밤낮 없는 시달림에 몸은 천 근 만 근, 산후

후유증과 극도의 외로움에 내몰릴 수 있는 시기로, 남편인 나의 세심한 보살핌과 믿음직한 기둥 역할이 절대로 요구되던 때였던 것입니다. 따라서 아내를 위로하고 따뜻한 말 한 마디로 다독이며 자상함을 키웠어야 했는데 엉뚱하게도 서운해 하며 투정만 부렸네요. 부끄럽게도 졸장부의 세월을 보낸 것입니다.

요즘 젊은 부부들 중에는 교대하며 아기 돌봄에 나서기도 하고 가사에 역할을 따로 두지 않는 희생적인 남편들도 꽤 많이 보이더군요.

이해심을 키우며 참 사랑을 쌓아가는 노력 없이 서로의 미운 점만 들추려 든다면 거슬리는 모습만 잔뜩 보여서, 끝없는 증오로 이어지게 마련입니다. 상대의 장점을 보려는 긍정의 시선으로 칭찬과 사랑을 나눈다면 이 효과는 행복이라는 값진 보상으로 되돌아올 것입니다. 지금, 삶에 영향을 주는 모든 문제를 상대방 탓으로만 돌리는 마음으로 스스로를 불행하게 만들고 있지는 않은지. 매사에 부정적 생각만 가득한 가슴에는 애당초 행복을 담을 수 없을 것입니다.

나무기러기 뜻 사랑의 동행이란
어떤 일이든 밝게 받아들이는
예쁜 마음에서 출발하는 것이라 생각합니다.

'백지장도 맞들면 낫다'라는 속담은 혼자 사는 삶보다는 찧고 까불더라도 둘이 하나 되어 알콩달콩 사는 것이 훨씬 보람된다는 의미로 통할 수 있습니다. 때로는 오누이처럼, 때로는 친구처럼 어떠한 어려움도 함께 이겨내며 오손도손 그림처럼 아름다운 모습으로 살아갈 수 있다면 그것이 큰 행복이라 생각합니다.

기러기와 매화가 등장하는 조선조 민화의 화조도에서 기러기는 믿음의 상징인데 특히 흰 기러기는 중국 당나라 황제 효무의 충신인 소무에 대한 옛 이야기에 근거하여 기쁜 소식을 전하는 길조를 뜻하게 되었다고 합니다. 매화 중에서도 이른 봄 가장 먼저 잔설을 업고 피어나는 꽃을 설중매라 부르는데 차디찬 겨울을 이겼다고 해서 고결, 숭고, 기품, 결백 등의 아주 다채로운 꽃말을 갖고 있습니다. 예부터 선비의 절개를 상징하며 사랑의 전설을 담은 꽃이라고도 합니다.

나무기러기 그림에
흰 기러기와 매화를 함께 담은 이유는
부부로서의 굳은 믿음을 바탕으로 하여
수복강녕과 백년해로의 꿈을 소중히 키워 가기를 바라는 의미입니다.

AHNCHUNGUN

악처 이야기로 유명한 고대 그리스 철학자 소크라테스가 결혼관에 대해 제자들이 묻자, 결혼은 해야 하는 것이며 만약 아내가 악처라면 자기처럼 이름난 철학자가 될 것이고 양처라면 행복한 삶을 살게 될 것이라며 결혼은 곧 삶의 약속이라 답했다고 하네요. 평생을 독신으로 사신 어떤 분은 결혼은 하면 후회하고 안 하면 더욱 후회한다고도 말씀하셨답니다. 결혼하는 쪽이 더 좋은 점이 많다는 얘기가 되는 것 같습니다.

살다 보면 가끔은 까닭 모를 울적함으로 의기소침해 있거나 삶의 고달픔에 억눌려 지칠 때가 있습니다. 이럴 때 허한 가슴은 다독여 주고, 몸져누운 때는 한 그릇의 죽이라도 정성으로 끓여 주는 그런 사람이 곁에 있다면 이 얼마나 든든하고 행복한 일이겠습니까?

외톨이의 삶으로 기진해서 쓰디쓴 처량함도 겪어보고 아파도 보면 포근한 손길이 그립게 마련입니다. 요즈음은 결혼도 선택이라지만 홀로라는 외로움을 평생 어떻게 감당하려고요?

사랑은 받아서 좋은 만큼 주는 것도 좋은 게 아닐까요? 주고받는 사랑, 부부의 한 평생은 한 판의 행복 놀이면 좋겠습니다. 이 세상에서 가장 소중한 사람은 변함없는 사랑으로 굳은 믿음을 안겨 주는 바로 그 사람, 남편과 아내뿐이니까요. 평생을 한결같이 다정한 눈길 잇는 순애보와 같은 사랑이라면 더할 나위 없이 아름다울 것입니다.

그리고 가족이 늘어나게 되면 강한 책임감 때문에 매사가 더욱 신중해질 수밖에 없고 가족의 인생을 책임지는 투지나 지구력 또한 매서워지는 법입니다. 삶을 보는 시선의 각별함도 더해질 뿐더러 자연스레 폭 넓은 인생안목을 지니게도 되고, 삶에 무게가 실리는 만큼 사랑의 존귀함도 알게 될 것입니다.

진정 어린 사랑은 얼음 같은 싸늘함도 사르르 녹인다고 합니다.
나무기러기를 징표 삼아
평생을 하나되어 살기로 한 약속이 엉뚱한 방향으로 기울지만 않는다면
그 약속은 반드시 삶의 풍경에 맑은 메아리가 될 것입니다.

안정은 AHNCHUNGUN

바깥 일로 스트레스를 안은 채 집에 오면 극도로 예민해져서 약간의 거슬림도 참지 못해 엉뚱하게도 가족에게 화풀이를 할 때가 있습니다. 더구나 그 이튿날, 분란을 부드럽게 매듭짓지 못한 채 일터로 나오면 온종일 머리 무거운 잡념 때문에 일손이 잡힐 리 만무하고 만사가 꼬이기 일쑤입니다. 참 우습고 속 좁은 추태를 보이는 꼴이지요.

가정에서 벌인 일은 문제를 일으킨 사람이 먼저 나서서 진심으로 사과하고, 어떤 형태로든 최대한 빠른 시간 내에 가정에 평화를 구해야 될 일입니다. 가정에 먹구름이 오랫동안 끼면 가족 모두의 상처가 깊어질 수밖에 없기 때문입니다..

안 좋은 일이 있었다면 어떤 경우라도 가족에게 먼저 자초지종을 털어 놓고 지원을 구해야 될 일입니다. 함께 고민하고 지혜를 짜면 어떤 어려움도 의외로 쉽게 풀려 1+1=100이라는 상상치도 못한 값을 얻게 될 것입니다.

혼자만의 고민으로 가슴을 죄이는 어리석음은 버려야겠습니다.

반대로 밖에서 좋은 일이 있었다면 이 역시 가족과 기쁨을 나누어야 합니다. 부부란 것이 짝에게 생긴 좋은 일은 바로 나의 기쁨이요, 그것이 바로 가족 모두가 행복해지는 길 아니겠습니까?

좋은 일의 기쁨을 아내나 남편이 아닌 다른 사람과 먼저 나누어야 될 특수한 경우가 있을 수는 있겠지만, 반려자와 먼저 기쁨을 나눔이 사랑의 정답이라 여겨집니다.

만약 그게 아니라면 사랑에 대한 기대감이 없다는 반증일 것입니다. 충만한 사랑은 모든 문제를 뛰어넘는다고 생각합니다. 결혼생활에 있어서 중요한 것 중 하나는 좋은 일이든 궂은 일이든 반려자와 먼저 대화를 나누며 서로 공감하고 뜻을 모으는 일일 것입니다.

대화를 통한 소통이 부족해서 서먹함이 지속되면 조그만 일이라도 자칫 꼬이기 십상이고, 때로는 격한 충돌의 불씨로 이어져 본말이 전도되는 막말을 여과 없이 쏟아 놓게도 되고, 급기야는 파국으로 치달을 위험성마저 커지는 법이니까요.

"당신이 뭘 알아! 웬 간섭이야? 내 일은 내가 알아서 하는 거야! 알려고도, 따지지도 마!"

잔뜩 맥 빠진 분위기로 집에 들어오는 모습을 보게 되면 누구든 걱정되는 마음에서 조심스런 질문 한 마디쯤은 건네게 마련인데, 냉소적인 반응을 받게 되면 무척 당황스럽고 무시당한 기분이라 감정이 상해서 발끈하게 됩니다.

부부 간에 내뱉는 싸늘한 어투만큼 허전함을 안기는 경우도 드물 것입니다. 더구나 뼈아픈 수모를 습관처럼 당하게 되면 상대에게 질려서 감히 접근조차 꺼리게 되고 상대에 대한 미련의 끈마저도 놓게 됩니다. 이런 국면은 결국 부부 간에 어쩔 수 없는 무관심을 불러일으켜 겉으로는 부부이되 속정을 나누는 참 부부는 아니게 되고, 가까이 있으되 한없이 먼 사이가 되고 마는 것이지요.

"당신 집에서는 이렇게 배웠냐? 갈라서자!"

아! 이 얼마나 무책임하고 무서운 표현입니까? 시비조의 말투가 역겨

움을 작용시켜 큰 분쟁으로 확산되기도 하지만, 언쟁의 범위가 상대의 신상을 넘어 양가의 가정사로까지 번지는 경우인 것입니다.

참담한 일이 아닐 수 없습니다. 귀히 여겨도 모자랄 내 그대에게 씻을 수 없는 모욕적인 언사를 마구 퍼붓고 있는 것입니다. 언행에 무게를 싣고 신중해야 하며 문제를 키우는 치명적인 우는 범하지 말아야 할 텐데 말입니다.

사랑은 분명코 받기만 하는 것이 아니라
주는 것이 먼저여야 하기 때문에
반려자를 독립된 인격체로 지키고 존중과 배려,
온유의 마음으로 살펴야 하겠습니다.
부부란 삶을 함께 꾸리는 협력의 관계인 것이지,
주종의 관계는 결코 아니므로 매일, 하루를 반추하고
나무기러기 뜻을 새기며 사는 습관을 기르면 좋겠습니다.

내 반쪽 당신은 내게 산소요 물입니다.
산소 없는 생명 생각할 수 없고
생명수 없는 목숨 기대할 수 없듯이
당신 없는 내 삶은 상상할 수 없습니다.
당신은 내 삶을 이끌 행복의 길잡이로 왔기 때문입니다.

부부가 서로 의지하며 믿음을 나누는 삶이 나무기러기 뜻으로 추구하는 사랑의 진정한 모습이라고 생각합니다.

AHN CHUNG UN

'비 온 뒤 땅 굳는다.'는 말이 있습니다.

부부로 살다 보면 왕왕 다툼이 있을 수 있어 약간의 의견 대립이나 오해가 큰 갈등으로 이어지는 불상사만 아니라면 사소한 마찰 정도는 약이 될 수 있다고 합니다. 미운 정, 고운 정이란 말도 있지요. 정이란 쌓는 것이 아니라 쌓여 가는 것이기 때문입니다.

외롭거나 곤경에 처했을 때 진정으로 힘이 되어주는, 가장 가까운 사람은 어떠한 운명에도 함께 할 여보, 당신뿐입니다. 의지로 하나 된 부부는 질곡 같은 어떤 세상도 헤쳐 나가게 됩니다. 내가 잘 나 이 세상을 열어 가는 것이 아닙니다.

사랑 받고 싶으면 먼저 사랑하세요.
신뢰 받고 싶으면 믿음을 먼저 주세요.
존중 받고 싶으면 먼저 존중하세요.

어떠한 경우라도 혼자 생각하고 혼자 판단하지 마세요.

독불장군처럼 배려를 모르고 사는 형태는 오해와 틈을 키우는 함정이 됩니다. 아무리 사소한 일이라도 의논하세요. 따뜻한 대화가 없는 가정은 무덤이나 다름없습니다.

부부란 행복한 가정의 완성을 향한 하나의 기본 틀이라 믿습니다.
나무기러기 그림을 곁에 두고
그 뜻을 따르는 삶의 모습이어야겠습니다.

ㅇㅏㄴㅈㅓㅇㅇㅓㄴ AHN CHUNG UN

인간 심성에 보편되게 작용하는 웃음과 눈물은 전염성이 아주 강해서 묘하게도 환히 웃는 모습을 보게 되면 영문도 모른 채 웃음이 절로 나오고, 우는 모습을 보게 되면 까닭 모르게 동요되기도 합니다. 또 화난 모습을 보면 그 이유를 몰라 궁금하기도 하지만 덩달아 무섭거나 불쾌감을 느끼기도 하지요. 말하자면 웃음과 눈물, 즉 희로애락은 한결같이 정서적 공감대를 촉발한다는 것입니다. 여타 인상과 결부시켜 삶의 풍경에 밀접하게 관련된다는 뜻이라 생각합니다.

웃음에는 그 유형이 꽤나 복잡 미묘하지만, 대별하면 긍정의 밝은 웃음과 부정의 이면을 담은 쓴웃음으로 나눌 수 있겠습니다.

긍정의 웃음은 기쁨이나 즐거움으로 뭉뚱그려 설명할 수 있겠고, 부정의 씁쓸한 웃음은 설움이나 서글픔, 또는 악의적 흑막이나 비정을 숨긴, 때로는 등골이 오싹할 공포감을 유발하는 차가운 웃음 따위로 구분할 수 있지 않을까 싶습니다.

눈물에서도 긍정과 부정의 모습을 볼 수 있는데, 그 양태가 천변만화라 할지라도 긍정의 정서 표현으로는 진한 감동으로 왈칵 쏟는 회심의 눈물 내지는 회상의 눈물이 있겠고, 고통, 비통, 분노, 공포 등의 부정적 감정을 표출하는 비애의 눈물 등으로 구분할 수 있겠습니다.

웃음이든 눈물이든 그 속에 따뜻한 인간미가 녹아있는 것이라면 모두의 마음을 사랑으로 모으는 마법 같은 흡인력으로, 어떠한 아픔도 다스리는 위력을 발휘합니다.

인간관계에 있어 긍정의 웃음이 만발한다면 인간승리의 기틀로 작용하고, 부정의 웃음, 즉 암투를 포함한 적의의 웃음이 교차한다면 위기의 근거라고 봐야 옳겠습니다. 그 속에는 불신과 증오의 의미가 깔려 있기 때문입니다. 물론 허탈감을 안은 혼자만의 웃음은 정상적인 웃음이 아닌 게지요. 불행을 부를 신호탄이랄 수 있는 것이니까요.

성난 파도처럼 밀어닥치는 불행이라 할지라도 웃음으로 극복하려는 용기를 가진 자에게는 연민의 손길이 열리게 마련이지만, 불행에 짓눌려 웃음을 잃은 채 곤경을 헤쳐 나갈 의지조차 보이지 않는다면 도움 자체가 백해무익할 수 있습니다. '깨진 독에 물 붓기'라는 격언을 새길 필요가 있지 않나 싶습니다.

누군가가 불행하냐고 묻는다면 언제나 밝은 표정으로 용기와 여유를 보여주세요. 결코 추레한 모습 보이며 불행을 자인하지는 마세요. 진정으로 행복을 원한다면 안으로는 가족의 해맑은 미소와 감동을 이끌고, 밖으로는 주변의 모든 사람이 행복을 자아낼 수 있도록 긍정의 지렛대를 움직이는 밝은 마음을 키워 가야겠습니다.

삶의 상황을 진정으로 이해하고 깨우치며 감사를 쌓아가는 마음은 어떠한 어려움도 극복하는 잠재력이 될 수 있습니다. 어려우면 어려울수록 어엿한 몸가짐으로, 한껏 명랑한 모습의 단정한 매무새, 깨끗하고 깔끔한 차림새에 신경을 써야 할 것입니다.

특히나 만남에 있어 첫인상이란 것도 다음 행보를 결정짓는 중요한 갈림길이 될 수 있음을 생각해야 되겠습니다.

경제적으로 풍족하고 여유로운 사람은 행색을 가리지 않는 매무새의 허름한 점퍼 차림일지라도 그 모습에 자신감이 배어 있게 마련이고, 그 대로가 여유로 비칠 수 있습니다.

그렇다고 해서 가식에 메달리라는 뜻은 결코 아닙니다.

유약하고 초라한 모습은 절대로 드러내지 말자는 뜻입니다. 결국 웃음이나 눈물을 동반하는 모든 표정은 인생의 애환을 담은 캔버스나 같은 격이라 할 수 있습니다. 당신은 어떤 그림을 그릴 수 있을까요?

내 반쪽 그대와 함께하는 웃음과 눈물은
가슴에 담은 행복의 양과 질에 정비례한다고 생각합니다.
사랑이 넘치는 부부에게는 하나로 용해될 아름다움이기 때문입니다.
'웃는 얼굴에 복 붙는다.'는 속담처럼
밝은 표정, 밝은 웃음은 인생에 풍요를 가져다줍니다.
세상의 모든 사람이 나무기러기의 뜻을 담은
웃음의 전도사가 되는 그날을 그려봅니다.

아내가 해주는 집 밥은 김치 한 보시기, 뚝배기 된장찌개와 따뜻한 밥 한 공기만으로도 "아! 정말 잘 먹었네. 고맙습니다!" 하며, 밖에서의 열 음식이 부럽지 않게 됩니다. 반찬은 기껏 한두 가지뿐이어도 매번 꿀맛이고 감동입니다. 조촐한 식단일지라도 사려 깊은 배려와 사랑을 담은 아내의 정성이 깊게 서려 있으니 이것이 바로 황금 밥상 아니겠습니까.

딱히 그 이유는 알 수 없으나 부부는 대체로 한 핏줄의 오누이처럼 닮거나 닮아가는 편입니다. 그러나 식성이나 체질, 사고방식 등등은 어느 것 하나, 처음부터 닮은 부부는 좀처럼 없는 것 같고, 삶을 함께 하는 세월이 길었어도 각자가 선호하는 음식은 따로 있는 것 같습니다.

그럼에도 불구하고 남편의 기호가 고려된 음식을 맛깔스럽게 차려주는 아내는 남편을 위하는 마음이 우선하니 자기희생을 감내하는 쪽이라 여겨집니다. 가끔은 가족의 건강을 염려하여 고집스럽게 특정 건강식을 밀어붙이는 모습도 보긴 합니다만 이 또한 사랑의 마음이고 보호의식의 표출이란 생각을 하게 됩니다. 어떤 경우든 가족사랑 마음씨가 한껏 담긴 장면임에는 틀림없습니다.

엄밀히 말하면 부부는 닮는 것이 아니라 서로의 모자람을 채워주고 맞추어가는 형태로, 이거야말로 애정 어린 참 부부의 모습이 아닐까 생각합니다. 때로 남편이 마련하는 한 끼 식사가 가정을 푸근하게 녹이는 열선 구실을 해내기도 하고요. 고유의 역할이 따로 있음이 아니고 정성 나눔에 행복이 자리하는 것이기 때문이지요.

인생을 통해 누구에게나 크든 작든 아픈 경험은 있습니다. 곰곰이 따져 보면 아내의 사랑이 든든한 뒷받침이 되어 내게 닥친 어떠한 시련도 뛰어넘는 힘이 되지 않았던 적이 없었고 아내와 함께 한 삶이 좋았든 궂었든 감사하지 않은 일이 없습니다. 세월을 더하면서 아내의 존재감을 더 크게 느껴가는 이유입니다.

나무기러기의 의미를 가슴 깊이 간직한
화수분 같은 사랑이라면
그 어떤 어려움도 멋지게 헤쳐 나가는
아름다운 삶의 모습이 되겠습니다.

AHNCHUNGUN

남편은 아내를 왕비님 받들 듯, 아내는 남편을 임금님 섬기듯 우아하게 사는 부부가 있다고 한다면 안 믿어지겠지만 실제로 가까이 이웃하여 살고 계십니다. 그분들의 아름다운 이야기 하나를 소개합니다.

남편 되는 분은 결혼기념일 행사를 여태 한 번도 거른 적이 없다지만, 결혼 10주년이 되는 해만큼은 좀 색다르게 치르고 싶다는 생각으로 한 달 전부터 몰래 혼자서 이벤트 구상을 하게 되었답니다. 남편은 이벤트 준비에 따른 설렘과 샘솟는 기대감으로 생각을 다져가는 기간 내내 밤잠을 설치다시피 했다는데, 그 행사는 결혼 이후 처음으로 장인 장모님을 모신 자리에서 귀한 따님을 아내로 주신 은혜에 감사드리는 내용이었다고 합니다.

당일 자리를 함께 해주신 부모님께서 받으신 뜻밖의 감동은 물론, 아내 역시 그윽한 사랑을 머금은 미소와 함께 몰래 눈시울을 적시기도 했다지만 정작 북받치는 격한 감동은 남편 본인이 받았다고 하네요. 사랑이란 묘하게도 주는 편에 더 기쁨이 되고 행복이 됩니다. 지고지순의 사랑인 게지요. 참사랑을 몸으로 실천하는 생활은 삶에 활력을 더하는 커다란 동력이 됩니다. 나무기러기의 뜻이 고스란히 배인 진실한 사랑의 마음으로 부부로서의 한 평생을 정성으로 빚어가는 모습은 너무나 돋보이게 아름답습니다.

부부로 살아가면서 짜릿한 감동 만들기는 아마도 두 사람 사이를 더욱 애틋한 사랑으로 밀착시키는 중요한 가교 역이 되리라 믿어 의심치 않습니다. 앞서 소개한 결혼기념일 이벤트의 예는 아내를 끔찍이도 아끼는 한 남편의 아내를 향한 지극한 사랑의 표현이었습니다. 물론 객관적으로 짚어 보면 그 남편은 아내에 대한 사랑을 들추기 이전에 이미 훌륭한 지성과 품성을 지니고 계신 분입니다. 그 분이 한 가정의 가장으로서 가정을 어떻게 행복한 모습으로 이끌어 가는지를 보여주는 멋진 사례를 하나 더 소개합니다.

부부로 살아온 1만 일째가 되던 날에는 아들, 딸과 모여 표창장 수여식을 했다고 합니다.

"우리 부부 앞에 너희들이 존재한다는 것, 이보다 더 큰 기쁨과 감사가 어디 있겠느냐! 너희들이 자랑스럽다. 주님 안에서 늘 큰 꿈 품기 바란다. 아버지 어머니가."

물론 표창장과 함께 특별히 보너스도 지급했는데 이튿날 아침에 축하 메시지가 도착해 있었다고 합니다.

"사랑하는 부모님, 두 분이 벌써 1만일을 사셨군요. 진심으로 축하드려요. 위하고 이해하고 사랑하고 서로에게 최선을 다하려고 노력하시는 모습이 저희에게는 정말 모범이고 아름답습니다. 아들 올림." "엄마, 아빠를 보면 '아! 결혼하고 싶다.' 하는 생각이 들어요. 진심으로 두 분 존경스럽고 자랑스러워요. 사랑하는 딸내미 올림." 그날 이후부터는 부부가 번갈아 결혼기념일을 챙기기로 했다고 합니다.

서로의 기쁨을 위해 아름답고 따뜻한 생각을 모아가는
결혼기념일 축하 행사는 두 사람,

한 가정의 행복을 넘어
더 높은 차원의 행복으로 넓혀 가야겠다고 다짐하십니다.
너무나도 멋진 나무기러기 뜻, 사랑 아니겠습니까?
1년 열두 달을 마치 화창한 봄날만 보는 듯
아름다운 가정의 모습입니다.

'남편이나 아내가 서로 즐거울 수 있는 것은 극히 작은 일에도 만족하는 것이다. 그리고 지극히 작은 일로부터 상대방을 즐겁게 하려고 노력하는 일이다. 짧고 긴 것을 알 수 없는 것이 인생 여정이다. 매일을 사는 매 순간이 쌓여 인생이 된다. 그 순간순간의 연결이 바로 인생이라면 매 순간이 만족되도록 하는 것이 보람된 인생을 만드는 길이다.

작은 한 순간을 즐겁게 사는 것, 그렇게 살려고 애쓰다 보면 작은 일, 큰일들이 모두 즐겁게 될 것 같다. 아내를 즐겁게 해주려고 할 때 남편은 즐거운 법이요, 그것이 성공이었다고 느껴질 때 남편 또한 기쁘고 행복한 법이다. 거꾸로 아내가 남편을 위하는 것도 마찬가지다.

여보! 당신이 나로 인해 즐거운 것 이상으로 내가 즐거운 것, 이것이 사랑인가 보다.

1979년, 낡은 옛 수첩에서'

위의 글은 어느 귀하신 어르신이 일기처럼 남기신 수첩에서 '부부의 즐거움'이란 제명으로 쓰셨던 수상문(隨想文)입니다. 글을 읽다 보면 온화한 미소를 품으신 그분의 맑고, 고운 기품이 그대로 느껴집니다. 부부 간의 사랑의 자세를 정을 담아 표현하신 소담스러움 때문에 감히 소개합니다. 놀라운 점은 이 단상을 남기신 분이 부부의 결혼기념일 이벤트를 한 번도 거른 일이 없었다는 그 분의 자당이란 점입니다.

모전자전(母傳子傳)이라고 해야 할까요.

한 가정의 품격을 담은 문화적 정서가
그대로 세대를 이어 가는 나무기러기 마음의 훌륭한 한 표본을 봅니다.
가풍의 중요성을 일깨워주는 훌륭한 사례라 여겨집니다.

AHN CHUNGUN

벼랑 끝에 선 운명에 처했을 때, 그 어려움을 헤아려 따뜻하게 도움 받을 친구를 만난다는 건 그다지 쉬운 일이 아닙니다. 그리고 다른 사람의 도움을 바라기 이전에 내가 먼저 베풀지도 않고 받기를 바랄 수도 없는 염치입니다.

가는 손이 고와야 오는 손이 고운 법이라 하지 않습니까?

그러나 세상에는 자기희생을 감수하면서까지 조건 없이, 그것도 남 몰래 주는 것만을 행복으로 여기는 사람도 많은 것 같습니다. 나눔의 음덕을 실천하는 살아 있는 천사지요. 진정한 나눔의 모습은 드러내어 자랑하는 게 아니라고 생각합니다. 뿌린 씨가 싹트게 하려면 흙으로 덮어주어야 하는 원리와 같겠습니다.

한 없이 미덥기만 한 내 사랑 그대라면 나의 필사적인 삶의 노력에 온몸으로 헌신하며, 비록 절체절명의 순간, 함께 나락으로 구른다 할지언정 결코 외면하지는 않을 것입니다.

둘이 하나로 응집된 사랑의 결정력은 어떠한 절망의 순간도 희망으로 뒤집는 에너지원이 될 수 있으니까요. 이상이 꿈틀거리고 희망이 고동치는 삶이라면 두려울 게 없기 때문입니다.

'이 한 몸 불씨 되어!'
나무기러기의 뜻을 담아 사는 부부에게는
너와 내가 따로 없습니다.

안정언 AHNCHUNGUN

엄마란 누구인가요?

새끼를 낳고 키우기 위해 제 살을 뜯어 먹게 하는 몇 안 되는 종류의 동물들처럼 우리의 엄마라는 존재도 희생이란 단어 하나로 설명이 충분할 것 같습니다. 자식에 대한 소망이라면 오직 사람답게 사는 모습을 보는 것뿐입니다.

언젠가 아내가 어린 자식들에게 사과를 깎아 나눠 주면서 스스로는 씨 있는 부분만 골라 먹었는데 동생이 그걸 먹으려 들자 맏이가 철이 좀 들었다고 "야! 그건 어머니 꺼야!" 했다지요.

어머니는 그 부분이 좋아서 드시는 줄로만 알았기 때문입니다.

내가 초등학생 때의 이야기입니다. 당시에는 다른 학우들보다 먼저 등교하여 수업준비를 위해 돌아가며 맡는 당번 제도가 있었습니다. 내 차례가 되는 날에는 이른 등교시간에 맞추기 위해 급히 지은 고슬고슬한 쌀밥에 날달걀 얹은 어머니의 간장 비빔밥이 어쩌면 그렇게도 고소하고 맛있었던지 가끔은 거짓 당번 행세로 그 밥을 얻어먹곤 했던 기억이 새롭습니다.

사실 보리쌀 섞인 밥이 감촉이 안 좋아 싫었지요. 어머니를 속인 죄책감을 그때는 그다지 실감하지도 못했습니다. 어머니는 당번 주기를 미루어 능히 짐작하셨음에도 짐짓 모른 척하셨을 것이란 생각을 지금에야 하게 됩니다.

솔직하게 먹고 싶다고 말씀을 드렸더라면 기꺼이 들어주셨을 터인데, 누추한 변명 같지만 동생들 눈앞이라 그럴 수가 없었습니다.

사실 그 당시에 어머니께서는 내가 딸이었으면 하는 눈치를 보이신 적도 있었던 것 같습니다. 아마 그랬더라면 장녀 역할을 톡톡히 하며 어머니의 힘든 일손을 꽤나 덜어 드릴 수 있었을 텐데 말입니다. 지금도 그 생각이 떠오를 때면 어머니의 고생스러움을 느끼지 못했던 부끄러움에 양 볼이 뜨거워집니다.

내가 대학생 때 늦은 봄 어느 날, 어머니가 어린 막내를 업으시고 수산시장에서나 볼 수 있는, 나무 상자에 비린내 물씬 풍기는 생선을 가득 담아 그 무거운 것을 머리에 이시고 멀리 나를 보러 상경하신 적이 있는데 나의 자취방을 모르셨기에 학교로 찾으신 거였습니다.

"아! 이게 뭐예요? 창피하게!"

배곯고 지내는 건 아닌지, 영양섭취가 제대로일 리 없을 자식 염려로 고생을 무릅쓰고 주위의 따가운 시선도 아랑곳 않고 천 리 길을 오셨는데 나는 그깟 창피함에 쥐구멍이라도 찾고 싶은 심정이어서 멍청하게도 얼굴만 붉히고 있었던 것입니다. 어머니께서는 옅은 미소 지으시며 정성껏 음식을 장만해 주셨는데, 너무나 어처구니없는 어리석고 불효한 행동으로 어머니의 가슴에 대못을 박았던 것입니다.

세월을 먹고, 내 자식의 성장을 보면서 어머니의 사랑을 짙게 느껴 갑니다. 그리고 간간이 어머니가 간절히 그리울 때가 있습니다.

나무기러기 마음 어머니에게는
가족의 행복과 안녕이 삶의 전부가 됩니다.

AHN CHUNG UN

성인이 되어서도 자식을 향한 어머니의 사랑과 희생을 깨닫지 못한 채 앞만 보고 달려 왔습니다. 코흘리개 적엔 어머니의 품이 좋으면서도 그저 무서울 때도 있었고요. 열 손가락 중 어느 하나 아프지 않은 쪽이 없듯이 자식도 열이면 열 모두가 어머니에게는 한결같이 애착이 가는 귀한 존재들이었는데 말입니다. 자식은 곧 어머니의 생명이며 삶의 조건이었다는 것을 몰랐기 때문입니다.

한 부모 밑의 자식이면서도 타고난 기질이나 마음 씀씀이는 한결같이 제 각각이면서 체질조차도 모두 다릅니다. 그렇다고 해서 어느 애가 더 사랑스럽거나 미울 수 없는 것이 어머니의 사랑이었던 것입니다. 한 손가락 아프다고 떼어낼 수 없듯이 약하거나 속 썩이는 자식은 내놓고 말은 못 해도 더 신경 쓰이고 보살피게 되는 것이 어머니 마음입니다. 그러나 어머니의 깊은 속을 읽지 못했던 탓으로 이런 어머니의 모습을 편애로 보는 철없는 마음으로 투정을 부릴 때도 있었습니다.

성인이 되고부터는 어머니가 점점 작게만 보여 갔습니다.

그래서인지 어머니의 말씀이 내게는 쓸 데 없는 잔소리고 간섭으로만 비쳐지기도 했습니다.

"어머니가 뭘 알아요! 요즘 세상은 달라요!"

"그래, 내가 잘못했다."

세월의 무게를 더하며 어머니의 몸과 마음은 꺼져가는 잔불이었던 것입니다. 자식 앞에서는 한없이 약하기만 하신 어머니의 그 모습을 아프게 느껴본 적은 별로 없었던 것 같습니다.

이미 곁에 계시지 않는 어머니를 이제야 겨우 하나씩 느껴가며 늦게야, 너무나 늦어서야 어머니의 깊은 사랑을 큰 아쉬움으로 새깁니다. '자식은 다 소용없다.'는 말이 그래서 나온 건지도 모르겠습니다. 해마다 소슬함을 느낄 때면 어김없이 어머니가 더 그리워집니다.

나무기러기 마음 부부,
아내는 가정살림을 꾸림에 있어
정원사나 진배없습니다.
아내의 눈에는 남편이나 자식 모두가
정성으로 가꾸고 챙겨야 할 화초니까요.

AHNCHUNGUN

크리스마스가 코앞입니다.

오늘날 성탄절은 종교의 벽을 넘어 세계 만인의 명절이 되었습니다. 물론 경건한 마음가짐으로 맞아야 할 성스러운 날임을 잊지는 말아야겠습니다만, 어린이에게는 캔디처럼 달콤한 작은 소망을 이루는 날, 어른에게는 누구와도 가슴을 열고 함께 웃으며 축복을 나누는 날로 이어지고 있습니다.

가까이 온 성탄절이 불현듯 옛 생각에 머물게 합니다.

유년시절, 성탄 선물로 받은 동화책, 안데르센의 미운 오리새끼를 읽으며 아름다운 꿈의 세계에 빠져 보기도 했고, 지독히 계산적인 인간인 스크루지 영감 이야기를 읽으며 사후세계에 대한 막연한 두려움으로 착하게 살아야지 하며 유소년 시절을 거쳤습니다. 청소년기에 들어선 어느 성탄절 전날, 시내 중심가 곳곳을 수놓은 휘황찬란한 불빛 장식 트리와 상가에서 흘러넘치는 흥겨운 캐롤에 들떠 몇몇 친구들과 어울려 밤새 인파를 헤집고 쏘다니기만 했던 기억이 새롭습니다. 내게는 소중하면서도 참 순수했던 추억입니다.

부모가 되어서는 누군지도 모르는 산타 할아버지를 무턱대고 기다리는 꼬마 천사들을 키우며 성탄절을 맞곤 했습니다.

"어머니! 근데, 산타 할아버진 어떻게 오세요? 굴뚝도 없는데~."

"음~, 아파트는 베란다를 통해 거실 문을 열고 들어오신단다."

"우리 집은 높은데요?"

"그 할아버지는 꼭 밤에만 다녀가시는데 루돌프 사슴이 끄는 하늘 썰매를 타시니까 높은 집에도 오실 수 있어요. 그래서 너희가 깊이 잠든 사이에 너희들이 원했던 선물을 머리맡에 놓고 가신단다. 좋은 선물 받고 싶으면 반드시 착한 어린이가 되어야 해요! 알았지?"

"~~~~~~~~."

끄덕끄덕, 꼬마 천사는 맑은 눈망울을 곱게 굴리면서 어머니의 말씀을 고스란히 믿었던 것 같습니다.

맑은 영혼의 훈훈하고 아름다운 추억 만들기 마음도,
고운 심성을 그대로 이으며 성장해주기를 바라는 부모 마음도
나무기러기 뜻, 사랑 마음입니다.

AHNCHUNGUN

감동이 묻어나는 천사 같은 마음을 가진 어린이의 이야기를 그냥 흘리기 아까워 올려 봅니다.

어떤 교회에서의 성탄절 기념 성극(聖劇)에서 해산(解産)이 임박한 성모 마리아 일행이 하룻밤 쉴 곳을 청하게 되는 장면이었습니다.

주인 역을 맡은 어린이는 간단한 한 구절의 말을 단호한 어조로 내뱉기만 하면 되는 것이었습니다. 몇 번이고 외우게 하며 며칠 동안 단단히 연습을 시켰다고 합니다.

그리고 드디어 극은 시작되었고 그 장면에 이르렀습니다.

"주인님 잠시 머물게 해 주세요!"

"~~~~~~~~."

집 주인 역의 어린이는 잔뜩 찌푸린 얼굴로 한참을 머뭇거리기만 할 뿐 대사가 없었습니다.

"주인님 도와주세요! 헛간이라도 좋으니 간곡히 청합니다!"

"~~~~~~~~."

한 번 더 청해도 주인 역의 어린이는 울먹이기까지 하며 어쩔 줄을 몰라 했습니다. 지도교사가 무대 뒤에서 조바심 어린 낮은 목소리로 "우리 집엔 방 없어요! 다른 데로 가보세요!"라고 대사를 일러주었습니다. 긴장된 적막의 한 순간이 지난 뒤 울음 섞인 떨리는 목소리로 그 어린이 입에서 터져 나온 말은 준비 기간 동안 그렇게도 반복해서 연습시켰던 그 대사가 아니었습니다.

"오세요~오! 제 방 있어요!"

그리고는 '으앙' 울음을 터트렸습니다. 관객 모두 웃음이 '빵' 터졌습니다. 그 어린이는 너무나도 남루하고 불쌍해 보이는 일행을 보며 연극 상황을 까맣게 잊었던 모양입니다.

이 극은 실패였을까요? 너무나도 뿌듯한 대성공이었습니다. 호수 같이 맑은 동심이 관객의 가슴을 두드렸으니까요.

나무기러기가 뜻하는 바 역시
티 없이 맑고 깨끗한 나눔의 마음입니다.
천사 같은 사랑 마음을 끝까지 이끌어주는 것도
부모가 할 바이겠습니다.

AHNCHUNGUN

우리 부부는 신혼 초부터 누가 먼저랄 것 없이 서로 존댓말을 나누었고 지금껏 그렇게 지내오고 있습니다. 이러다 보니 어린 손주들까지도 어른을 향한 어법이 남다를 수밖에 없습니다. 타인의 눈에는 매우 신기해 보이는 모양입니다.

"얘네들, 참 예의 바르기도 해라. 어쩜 그렇게~."

언젠가 우리 부부가 막내딸과 함께 은행엘 갔는데 우리들의 존대 화법에 젊은 은행원의 눈이 휘둥그레졌습니다.

"두 분이 부부 맞으세요? 이 분은 며느님이시고요?"

딸마저도 깍듯이 존댓말을 쓰니 그렇게 보였나 봅니다.

나는 학생들에게도 수업시간에는 대체로 존댓말을 하는 편이었습니다. 동료교수가 어느 날 조심스레 물어 왔습니다.

"학생들에게 존댓말을 쓰면 거리감을 느낄 텐데요?"

"네 그럴 것입니다. 하지만 그들도 하나의 인격체이므로 함부로 하대하기가 어렵다는 생각이 앞서고, 더군다나 평소의 언어 습관을 바꾸는 게 내게는 너무나 어색하고 어렵습니다."

그분은 이해가 안 된다는 표정으로 고개를 갸우뚱했습니다.

세월이 흘러 이따금씩 초로의 졸업생들과 만남의 기회를 가지다 보면 대체로 신기해합니다.

"저희가 학생 때, 교수님께서는 마치 냉혈동물 같았어요."

그러나 요즘은 나를 보는 그들의 표정에서 한결 밝은 여유가 느껴집니다.

그렇다고 해서 나의 어법이 특별히 변했다고는 생각지 않습니다만, 내 언행에서 부드러운 분위기가 느껴졌던 모양입니다. 교직에 몸담고 있었을 때 제자들의 눈에 비친 나의 모습은 엄청 엄하게 느껴졌다고 했습니다.. 당시 수업시간에는 분명 엄격했던 건 사실입니다. 지금도 업무와 연결되는 일에 임할 때만큼은 마음에 빈틈이 허용되지 않습니다만, 평소에는 다정다감한 모습을 보이려고 꽤나 애를 쓰는 편이지요.

부부 간에도 존댓말은 상대방의 존재의 의미를 확실히 하는 존중의식의 기저(基底)가 된다고 생각합니다. 부부 사이에 항상 평화만 있으란 법은 없지만 그렇다고 해서 무시하거나 깔보며 함부로 할 수 없는 것이 부부지요. 짧은 한평생을 생각하면 부부가 정으로 보듬으며 존중의 염을 이어가는 것이 얼마나 소중한 행복인가를 느끼게 됩니다. 삶의 여정에서 미처 예기치 못한 숱한 난관에 직면할 때가 있습니다. 그러나 두 사람이 진정한 부부로서의 믿음으로 하나 되면 태산도 넘게 됩니다.

행복한 당신이 있어
행복한 내가 있음을 절실히 느끼며 살아가는 것,
이것이 곧 나무기러기 뜻, 부부의 정석이라 하겠습니다.

굳은 믿음으로 하나 된 부부에게는 네 것, 내 것이 따로 없기 때문입니다. 나무기러기(목안,木雁)는 전통혼례에서 부부 금슬(琴瑟)을 기원하는 의미로 만들었던 상징물이며, 언제부터 이러한 습속이 시작되었는지는 알 수 없으나 기러기가 실제로 한 번 짝이 되면 죽음에 이를 때까지 함께 한다는 데서 유래된 것만은 분명한 듯합니다.

AHNCHUNGUN

'햇빛처럼 찬란히 샘물처럼 드맑게
온 누리 곱게, 곱게 퍼지옵소서.
뜨거운 박수로 축하합니다. 당신의 생일을 축하합니다.'

위의 노랫말은 지인의 선친께서 생전에 "행복을 맞이하는 설렘으로 살 수 있다면 그것이 아름다운 삶의 맛이 아니겠는가. 하루를 살아도 아름답게 살자. 오늘의 생일은 평생에 두 번 다시 오지 않는다. 그러니 이 날에 충실하고 감사하라."고 일러 주시며 가족의 생일 때마다 부르게 하셨던 노래라고 합니다. 이 가족은 지금껏 생일 축하 노래로 즐겨 부르고 계시다며 소개해 주셨습니다.

지인이 주신 2013년 1월 7일자 자료를 보면 오용탁이란 분이 작사자와 작곡가뿐 아니라 노래가 나오게 된 배경과 함께 널리 퍼지기를 바라는 뜻에서 '아름다운 우리 생일 노래'란 제목으로 악보와 함께 이 노래를 추천하고 있었습니다. 그 분의 표현을 빌리자면 "happy birthday to you"만 반복하는 노래보다 훨씬 정겨워 우리네 정서에 맞는 노래라는 생각이 듭니다. 이 노래는 〈여원〉이라는 여성잡지사에서 1965년에 경향신문 광고로 현상 모집하여 당선된 작사에, 그 해 다시 작곡까지 현상 공모하여 세상에 나오게 되었다고 합니다. 작사는 이금희 님, 작곡은 박상엽 님으로, 언젠가 KBS에서 건전가요로 소개된 바 있다는데 삶을 찬미하는 노래로 손색이 없는 것 같습니다.

이 노래 또한 나무기러기의 뜻, 따뜻한 사랑의 마음과 맥락을 같이 한다고 생각합니다.

안정언 AHNCHUNGUN

어느 해인가 우리 부부가 제주도에 여행을 갔는데 관광 다닐 생각은 아예 접고 2박3일 동안 달랑 두 편의 영화 감상만 하고 온 적이 있었습니다. 공연히 헤픈 짓을 했나 하는 생각이 들었습니다.

영화만 볼 양이면 뭣 하러 거기까지 갔을까 싶었으니까요. 하지만 그 때 본 한 편의 외국영화가 평범한 멜로물이었습니다만 왠지 간혹 요모조모로 떠올려지곤 하면서 비용들인 값어치는 한다고 치부하게 됩니다.

나이트클럽에서 처음 만난 젊은 두 남녀가 서로에게 자석처럼 이끌려 합쳐 살게 됩니다. 그러나 함께 하는 삶에서 의사 충돌이 잦다 보니 깊어가는 감정의 골을 메우지 못해 결국은 헤어집니다. 내용을 뜯어보면 각자의 생활방식이나 생각의 차이 등이 갈등의 요인이었습니다.

여자가 꼼꼼히 챙기는 편이면 남자는 산만한 무질서 형입니다. 보다 심각한 것은 두 사람의 모국어가 서로 달라 소통마저 원활하지 못했는데 여자는 충실하게 남자 쪽 언어를 익히려 애쓰는 반면, 남자는 관심도 두지 않는 모습이었습니다.

그러니 여자로서는 매사가 답답하여 우울할 수밖에 없었겠죠.

이러다 보니 두 사람은 잦은 마찰로 서로 간에 감정이 몹시 상한 상태였는데, 결국에는 남자가 욱하며 한사코 부여잡는 여자를 뿌리치고 떠나 버립니다. 남자는 다시 옛날처럼 여자를 바꿔 가며 쾌락의 날들을 보내지만, 언젠가부터 밀물처럼 밀려오는 까닭 모를 허전함과 첫사랑을 향한 그리움을 이기지 못해 옛 연인을 찾게 됩니다. 그러나 헤어짐의 아픔이 컸던 여자의 싸늘한 반응을 누그러뜨릴 수는 없었습니다. 남자는 어쩔 수 없는 허탈감을 안은 채 홀로 지내게 됩니다만 계절이 몇 번 바뀐 후 두 사람이 다시 극적으로 합친다는, 대충 이런 줄거리입니다.

영화는 어떤 삶이 참 삶인지, 왜 두 사람이 다시 합쳐 살게 되는지가 설명이 되지를 않습니다. 사실 이런 정도의 남자라면 두 번 다시 보고 싶지도 않을 텐데 헤어지기를 아쉬워했던 여자의 지난날 모습으로 미뤄 볼 때 나름의 매력을 남자에게서 느끼지 않았나 싶기도 하고, 남자가 새롭게 보였던 것 같기도 합니다. 아무튼 내 삶에 여운을 남기는 영화가 되었습니다.

가까운 사이일수록 더 배려하고 예의를 다하며 상대방에게 누가 되지 않게 처신하는 것이 옳다는 생각입니다. 살을 맞대는 부부라 할지라도 믿거라 형의 부적절한 처신이 누적되면 누구에게나 실망이 커질 수밖에 없겠지요. 부부간에 허물없다 여겨지는 수준에 이르다 보면 부지불식간에 좋지 못한 버릇 따위가 가볍게 노출되어 얕잡히는 빌미를 제공하게 되는 셈인데, 이런 거슬림이 빈발하다 보면 상대방의 감정폭발로 이어질 수밖에 없습니다.

스스로를 살피며 제어하는 노력과 적당한 신비감을 이어갈 필요가 있다고 생각합니다.

매일 아침, 하루도 거르지 않고 정다운 연인인 양 처음 만나 조심스런 관계인 양 남편이 먼저 공손하게 "새 아침입니다." 하고 인사를 이끌며 하루를 열어가는 부부를 보게 됩니다.

이들 사이에 달콤한 투정은 있을지언정 어찌 감정 섞인 잔소리나 핀잔이 끼어 들 수 있겠습니까? 같은 잔소리라도 사랑의 마음으로, 마치 새들의 노래처럼 들리게 할 수만 있다면 정감 넘치는 부부관계가 형성되고도 남을 것입니다.

어떤 면에서는 간섭을 받을 때가 행복한 것입니다. 걱정되고 아끼는 마음이기 때문에 간섭하고 잔소리도 하게 되는 것이니까요.

무관심이나 등 돌림은 버림받은 거나 다를 바 없습니다. 곁을 지켜주는 사람 없는 홀로의 인생이 되어 모든 것을 혼자 감당하게 된다고 가정해 봅니다. 이 얼마나 두렵고 시리운 일이겠습니까?

젊을 때는 젊음으로 이겨낼 수 있겠으나 언젠가는 세월의 무게를 느끼게 되는 것이 인지상정입니다.

대다수의 노년 여성에게서 흔히 듣게 되는 푸념 섞인 표현으로 '다시 태어나도 지금의 남편만큼은 두 번 다시 만나고 싶지 않다.'는 반응과 서슴없이 터뜨리는 '웬수'라는 아찔한 표현도 듣게 되는데, 참으로 안타까운 노릇입니다. 이 말들 속에는 평생을 희생만 강요받으며 살아 왔음을 연상케 하는 아픔이 느껴집니다. 요즘의 정서로는 도저히 이해될 수 없는 상황입니다.

부부로 살아가면서
뜻하지 않은 수많은 난관을 겪게 마련입니다만
사랑이 뒷받침되는 삶이라면
그만큼의 아기자기한 보상도 따르는 법입니다.
양자 간에 진지한 희생적 노력이 없는 사랑은 기대할 수 없습니다.
평생을 두고 사랑이라는 단어 하나만 가슴 깊이 새기고
실천을 다지며 살아간다면
그 삶에는 달콤한 행복이 보장될 뿐 아니라
부부가 하나 된 힘으로 태산도 넘을 수 있습니다.
나무기러기의 참 뜻이 바로 사랑이기 때문입니다.

중요한 약속을 까맣게 잊는 어처구니없는 실수로 낭패를 보게 될 때가 종종 있습니다. 내게 꼭 필요했던 약속이 틀어졌을 때 느껴지는 비감도 이루 형언할 수 없는데, 하물며 상대방에게 긴요한 일이었다면 큰 상처를 안기는 꼴이 됩니다.

오래 전에 있었던 일입니다.

유학 생활을 마친 졸업생이 엊그제 귀국했다며 누구보다 먼저 나를 뵙고 싶다 했습니다. 그런데 그런 해후의 약속을 아득히 잊은 탓에 너무나 미안하고 당황했던 나머지 한 마디 변명조차 못하고 설움을 가득 안겨 돌아서게 했습니다. 아마도 그에게는 아직도 가슴 속 깊이 푸른 멍으로 남아 있을지도 모를 일입니다.

무엇보다 젊은이에게 저지른 실수였기에 서글픔이 더합니다.

약속의 망각도 죄스러운 법인데 약속을 밥 먹듯 어겨 믿음을 저버리는 행위는 공동체 삶 안에서 요구되는 긴밀한 교분의 기회를 잃게 만듭니다.

특히 부모가 자녀와의 약속을 습관처럼 가벼이 하는 행위는 성장기에 놓인 어린이에게는 씻을 수 없는 상흔으로 남아 세상을 보는 시각이 왜곡될 수도 있습니다. 어린이에게 있어 약속은 정의로운 사고를 이끄는 첫 단추가 되어야 하겠기 때문입니다.

우리의 전통 혼례 풍속에서 나무기러기를 만들어 부부 됨을 알리고 평생 해로한다는 언약의 표시로 간직했던 것은 기러기처럼 하나 되어 알뜰살뜰 재미나게 살겠다는 의지의 표현이었던 것입니다.

부부 사이,
나아가 가족 간의 약속은
어떠한 경우에도
금과옥조로 지켜져야 할 일입니다.
약속이 무너지면 신의가 무너지고
신의가 무너지면 사랑도, 꿈도 무너질 수 있습니다.

AHNCHUNGUN

'귀여운 너의 발가락, 아직도 갓난 애기 발가락, 이 시간이 이대로 멈추면 좋겠다. 너와 함께 할 수 있는 시간이 조금씩 가고 있다고 생각하니 엄마 마음 한켠에 쓸쓸한 아쉬움이 쌓인다. 엄마가 힘든 지금의 나날보다 너와 떨어져 살아야 할 훗날이 더 길 것이기에 엄마는 매 순간 너를 사랑하고 널 위해 최선을 다하련다. 아가야, 엄마가 정말로 널 사랑한단다. 우리 막둥이는 사진 찍자고 들면 언제나 이 표정, 이 포즈다. ㅎㅎ. 딸만 키우다 아들을 더하니 가끔은 멘붕에 빠지기도 하지만, 키우는 맛에 또 다른 재미가 있다. 엄마의 해피 바이러스, 개구쟁이, 고집쟁이, 애교쟁이, 못난이 아들내미, 고마워!'

결혼한 막내딸이 자신의 막둥이를 키우며 썼던 잡기(雜記)가 언제, 어떤 상황을 그린 글인지는 알 수 없으나 자식 사랑이 지극하지 않은 엄마가 이 세상 또 어디에 있으랴 싶으면서도 왠지 모를 짠한 느낌에 훔쳐 올립니다.

젊은 시절, 아내는 남편인 내게 불만이나 거슬리는 감정 표현 따위를 제대로 한 적이 없었습니다. 어디까지나 긍정 담은 밝은 모습과 명랑함으로 내게 믿음과 안정을 안겨 주었습니다. 살림살이에도 살뜰해서 집안일은 전적으로 아내에게 맡기고 나는 내 일에만 전념할 수 있었습니다. 솔직히 아내의 살림살이가 뭐가 그리 어려우랴 싶어 대수롭지 않게 여겼으니 그 시절 아내의 고달픈 희생을 눈곱만큼도 이해하지 못했다고 봐야 옳겠습니다.

은퇴 후 틈틈이 아내의 일을 거들기도 하고 손주들 돌보는 기회를 맛보게 되면서부터 비로소 살림살이와 육아의 고달픔이 만만치 않았다는 사실을 절절히 깨닫게 됩니다. 가족의 안녕만을 생각하며 평생 희생적 사랑으로 헌신한 아내의 고왔던 그 얼굴에도 세월의 흔적이 하나둘 잡혀 가는데 이즈음에 와서야 지긋한 시선으로 마주하게 되네요. 안쓰럽고 미안한 마음에 이제부터라도 아내의 푸념쯤은 곱게 받고 가끔은 아내의 가슴 속 빈자리도 메워 줘야겠다는 다짐을 해봅니다.

어느 부모나 마찬가지겠지만 자식을 출가시키고 나면 그만인 줄 알았었는데, 아내의 자식 걱정은 한이 없어서 철 따라 된장, 간장, 김치 담아 나눠주기는 기본이고 날이면 날마다 밑반찬도 챙겨 주기에 여념이 없어, 때로는 차나 한 잔 할까 할 때가 한숨 돌릴 때일 만큼 잡다한 일거리가 한도 끝도 없고, 더구나 몸을 사리지도 않습니다. 그러니 저녁이면 녹초가 되기 일쑤고 온 몸이 두들겨 맞은 듯 아려서 남편인 나도 모르게 자주 밤잠을 설치는 모양입니다. 몸을 혹사시키지 말라는 의사의 당부도 잊은 듯 제발 건강 챙기자는 나의 간청에도 아랑곳 하지 않는 눈치니 안타깝기가 이만 저만이 아닙니다.

"살아 숨 쉬며 몸을 움직일 수 있고 사랑하는 자식들에게 건강 음식을 챙겨주며 부모로서 고운 손길 더해줄 수 있으니 이 얼마나 감사하고 행복한 일입니까."

아내의 한결 같은 표현입니다.

몸이 부서져라 부리는 희생적 삶의 형태가
아내로서, 엄마로서의 나무기러기 뜻,
참사랑의 길이려니 하고 받아들이기에는
형언할 수 없는 아릿함이 가슴 한 귀퉁이를 찔러 옵니다.

AHNCHUNOUN

젊은 시절 이야기입니다.

살림하는 아내의 하루하루가 얼마나 지겹고 고된 시간이었던가를 나는 전혀 헤아리지를 못했고 살필 마음의 여유조차 없었던 것 같습니다. 나는 나대로 일주일을 일에 쫓겨 피곤해서라고 할까요, 휴일이면 늦잠으로 게으름을 피우는 일이 다반사였습니다.

아내는 휴일을 이용하여 가끔은 가족 나들이를 원하기도 했는데, 나는 그저 귀찮아하며 짜증만 앞세우곤 했습니다. 아내에게는 철 따라 짊어져야 할 궂은 일들로 거의 매일, 때로는 온종일을 시달리는, 그야말로 주부로서의 역할 자체가 워낙 복잡다단한 일이라 한 눈 팔거나 바람 쏘일 겨를도 없었던 것이고, 이로 인해 다람쥐 쳇바퀴 돌 듯 숨 막히게 반복되는 삶의 무게를 잠시나마 잊는, 가슴 탁 트일 기분 전환의 기회가 절실히 요구되었던 것입니다. 아이들도 기대에 부푼 세상 구경, 그리고 가족이라는 유대감을 공고히 쌓게 하는 성장 과정에서의 행복 축적이 필요했던 것이고요.

그런데 살필 줄 모르는 이기심으로 가득한 좁은 이 가슴에는 이들의 간절한 상황을 곱게 이해하여 감싸 줄 수용공간이 없었던 것입니다. 마치 남의 일 보듯 무심함이 도를 넘었던 게지요. 이따금씩 치르는 아내의 병치레마저도 꾀병쯤으로 가벼이 여겼을 성싶으니까요.

아내는 남편만을 믿고 결혼 한 것 아니겠습니까?

그러나 녹록치 않은 시가와의 갈등과 고된 육아 등 시련의 시간을 시름과 외로움으로 힘겹게 버텨야 했던 것입니다. 그런 아내에게 남편이란 사람이 얼마나 답답하고 얄미운 원망의 대상이기만 했을까요?

일방적으로 미련을 떠는 내게 분명 깊은 염증을 느끼며 마음의 상처마저 컸으리라 생각합니다.

따뜻한 말 한 마디 나긋하게 나눠본 기억이 없고 가족의 가슴에 허전한 심기만 키워 온 무심했던 지난날들을 자조하게 됩니다.

가족이 진정으로 하나 되어
서로를 아끼며 행복을 다져 가는 모습이
나무기러기 덕목,
삶의 아름다움이려니 하는 생각을 하게 됩니다.

AHN CHUNG UN

둘째 마당
삶을 즐기는 행복

평생 후회 없을 삶을 위해 주님의 뜻이 조금치라도 반영된 생활을
이끈다는 것은 결코 쉬운 노릇은 아니지만,
그런대로 평화를 담은
생애라 칭할 수 있겠습니다.

부부로 새 삶을 시작하며 생활의 방편으로 신앙생활을 이끌어 간다는 것은 매우 긴요한 일이라 생각합니다.

따지고 보면 인간은 너무나 나약한 존재라 항상 어딘가에 기대어 살고 있음을 새삼 발견하게 됩니다.

신앙도 의지해 살아가는 요건 중의 하나이며, 신앙의 효과는 인간 삶에 형언할 수 없으리만큼 크고 절대적인 힘으로 작용한다고 봅니다.

좌절감으로 희망을 잃게 되면 굳센 의지로 일어서게 하고, 지혜와 용기와 신념으로 고난을 극복하고 새로운 내일을 개척하게 하는 슬기를 줍니다.

신앙을 통한 깊은 성찰은 삶을 비추는 거울로 작용하여 모든 것이 남의 탓이 아닌, 내 안의 티끌이었음을 깨우치게 이끌어주는 평화의 길이기도 합니다. 그리고 교만과 위선, 미움과 증오, 탐욕을 담은 시기와 질투 등을 떨치고 마음의 평온을 얻게 하며 용서를 배우게 하고 과시욕을 지우고 겸손을 다지게도 합니다.

신앙이란 무턱대고 기도만 열심히 하면 떡을 주고 행운도 그저 주리라 여기는 기복적인 믿음과는 구별되어야 할 것입니다. 올바른 자세의 신앙은 언제나 감사로 충만한 밝은 삶, 긍정의 삶, 그리고 맑고 밝은 얼굴을 주며 주변을 배려하고 사랑하며 자유의 의미와 나눔의 가치도 가르쳐 준다고 생각합니다. 동시에 인간은 본질적으로 이기적인 동물이라 요구되는 완벽을 구하기는 쉽지 않으나 삶을 통해 완전을 향해 가도록 쉼 없이 일깨워 이끌어주는 것이 신앙의 힘이라 생각합니다.

나무기러기 한마음 부부는 함께 하는 밝은 신앙생활로,
아내는 세월을 더하며 맑고 우아하게,
남편은 부드러운 중후함으로 연륜을 쌓아가는
건강하고 아름다운 인생이면 좋겠습니다.

AHN CHUNG UN

나는 누구의 방해도 받지 않는 혼자만의 고즈넉한 음악 감상 기회를 즐기는 편입니다. 주로 클래식이나 재즈입니다.

이 분야에 대한 이해력을 특별히 갖춘 것도 아니고 딱히 짚이는 이유도 없이 그저 좋아하는 것뿐입니다.

그래서인지 같은 곡이라도 어떤 곡이든 지휘자나 연주자의 역량이나 음악 해석 성향에 따라 모두 다른 느낌을 받는다는데 그 표현의 차이와 질적 가치를 나는 알아채지 못합니다. 이토록 한심스러운 이해 수준임에도 가끔은 한 곡을 지루함도 잊은 채 몇 시간이고 반복해서 들을 때가 있으니 스스로도 참 미련스럽다 느낄 지경입니다.

작업에 임할 때는 자주 음악과 함께 하게 되는데 음악이 일에 대한 집중과 효율을 높인다고 믿기 때문이고 이때는 차분히 깔아주는 실내악을 택하는 편입니다. 음악에 철저히 몰입하고 싶을 때는 주로 대 편성 관현악곡을 볼륨을 크게 하여 듣는 편인데 쾅쾅 때려주는 사운드에 가슴이 탁 트이는 청량감을 얻기 때문입니다. 다만 분위기를 무겁게 이끄는 음울한 경향의 음악은 썩 내키지 않습니다.

재즈도 매력이 넘칩니다. 때로 어떤 곡에서는 더블베이스의 현에서 퉁퉁 튕겨 오는 울림이 가슴으로 전해오는 진동에 묘한 감미로움을 느끼기도 합니다. 그렇기 때문에 음악과 친숙한 삶의 형태는 생활의 활력이며 행복의 조건이지 결코 배부른 사치는 아니라고 생각합니다.

또 오디오 기기의 확보도 기왕이면 품질 가치가 높을수록 만족도도 높겠지만 욕심이 한도 끝도 없게 되면 되레 행복하지 못할 것 같습니다. 어차피 세상의 어떤 오디오 기기도 생음을 완벽하게 재생해 주지는 못한다고 들었습니다.

분수에 맞는 조그만 만족이 곧 큰 행복입니다.

나무기러기 한마음 부부가 함께
비슷한 분위기의 음악을 즐기며 행복할 수 있다면
그 음악은 삶을 풍요롭게 하는
또 하나의 멋진 벗이 되리라 생각합니다.

AHNCHUNGUN

얼마 전 지인 덕에 20세기 초 프랑스 화가 마리 로랑생 (1883~1956) 전을 관람할 기회가 있었습니다. 그녀는 당 시대를 풍미했던 미술 조류에 휩쓸리지 않고 그녀만의 독자적 화풍을 다듬은 화가이며 시인이었습니다. 나는 그녀 특유의 섬세한 감성과 그윽한 아취에 이끌리며 그녀만의 황홀한 색채 세계에 매료되어 넋을 잃을 지경이었습니다.

그런데 문득 이 화가는 스스로가 불행한 여자였다고 생각하며 살았으리라는 느낌을 받았습니다. 그림 속의 모든 인물은 한결같이 석고상처럼 표정이 없고 왠지 모를 쓸쓸함과 외로움이 묘한 분위기로 교차하고 있었기 때문입니다.

1, 2차 세계대전의 와중에 그녀가 몸소 겪었던 결핍과 소외 등 순탄치 못했던 삶에 대한 상념을 고스란히 그림 속에 녹였다고 해야 할지, 온화한 부드러움은 있으되 밝은 유쾌함과는 거리가 먼 것은 사실입니다. 나는 이 화가에게서 평생 그림만이 자기 자신을 지탱해 주는 전부였으며, 끝내 자신의 운명을 긍정으로 치환하지는 못했다는 인간적 연민을 느낍니다.

어떤 면에서는 불행을 마음에 담아 살았기 때문에 명작을 남기게 되었는지도 모르겠습니다만 실내에 걸어두고 매일 보고 싶은 그런 그림은 아닌 것 같습니다.

어쩌면 고독의 심연에 빨려들 것 같은 묘한 불안감 때문입니다.

물론 어떤 고발이나 부정의 측면을 짚어내는 예술도 필요하다고 봅니다만 삶을 밝히는 긍정의 예술, 누구에게나 이해되고 마음이 다가갈 수 있는 예술, 따뜻한 속삭임이 있는 예술도 필요하다고 봅니다.

누구나 크든 작든 세상 풍파 겪지 않는 인생은 드물다고 봐야 옳습니다. 내게 부딪쳐 오는 나쁜 운명을 좋은 조건으로 뒤집을 수 있는 가능성 또한 바로 내 안에 있음을 가슴에 새기고 꿋꿋이 살아야 하리라 생각합니다.

삶의 발길이 제 아무리 다급하고 무겁다 할지라도
스쳐 지나는 매 순간을 보다 밝게 다져가는 지혜로움은
나무기러기의 본뜻이겠습니다.

AHN CHUNG UN

행복을 나누는 건강한 삶을 위해서는 어떤 종교 형태든 신앙이 큰 힘이 될 수 있다는 언급을 했었습니다. 여기에 신앙에는 책임이 따른다는 말도 보태고 싶습니다.

삶과 신앙이 일치하도록 끊임없이 마음을 가다듬어 가는 생활을 통해 행복의 길을 찾게 된다면 이것이 진정한 신앙의 모습일 것이라 여겨지기 때문입니다.

가장 낮은 곳, 구유에서 탄생하심을 통해 인류구원을 위한 제물이 되실 것을 상징으로 나타내시고, 몸소 비움을 보이시며 기꺼이 목숨 바쳐 사랑의 극치를 나타내신 그리스도의 행적은 보통의 인간으로서는 상상조차 하기 어려운, 두려운 일입니다. 그러나 신앙의 궁극의 목표가 그 길에 연해 있음은 분명한 것 같습니다.

여수순천 10.19사건으로 두 아들의 목숨을 빼앗기고서도 사형의 위기에 처한 살해자를 구해내며 양아들로 삼아 훗날 목사가 되게 했던, 손양원 목사 자신은 6.25 때 적군에 의해 끝내 짧은 인생을 마감하는 순교의 길을 택했다는 것과, "가장 사랑하기 힘든 사람까지 사랑하라!"는 박보영 목사의 할아버지가 남긴 유언 등은 인간적 고뇌와 육체적 아픔을 뛰어넘는 신앙과 삶의 정신이 일치한 고귀한 사랑의 이야기들입니다.

마음에 교만과 위선, 거짓과 기만, 이기심이 꿈틀거리는, 겉과 속이 다른, 내세관(來世觀)에만 매몰된 신앙. 믿음의 의미가 결여된 겉돌기 신앙으로 기도만 하면 죄의 사함도 받을 것이라는 회개의 참 의미를 왜곡하는 신앙, 삶에 대한 진정한 성찰 없는 맹목적 기복(祈福) 신앙, 내가 믿는 종교만 옳다고 보고 다른 종교를 사교로 매도하는 신앙, 내 탓이 아닌 네 탓이 우선하는 뒤집어씌우기 식의 이기적인 심성이 난무하는, 더불어 산다는 이타심이 전제되지 않는 신앙 등등은 참 신앙정신이라 보기 어렵겠습니다.

신앙과 삶의 자세가 일치하는 생활이 나무기러기 뜻,
올바른 신앙의 목표라 생각합니다.

AHNCHUNGUN

삼십 년이 넘도록 살아, 정든 보금자리를 뒤로하고 아파트로 옮겨 왔습니다. 사람들은 실내가 널찍하고 밝아 좋다고들 합니다만 솔직히 새장에 갇힌 기분입니다.

옛집은 볼품없이 작고 낡았어도 문 열고 한 발 나서면 그윽한 솔향기 한숨 안기는 그런 곳이었습니다. 아침 햇살 가득히 받는 가로 넓은 창밖으로는 갖가지 새들이 날아와 노닐고 별빛 총총한 밤이면 한가로이 거닐 수 있어 좋은 넓은 뜰이 있었습니다. 잔설을 이기며 핀 매화 따라 다투어 피는 봄꽃들이 화려함을 더하며 정원 가득 메워 좋았고요. 녹음 짙은 계절이면 잔디밭 언저리 돌아가며 지천으로 자란 머윗대 꺾어다 나물 무쳐 먹던 일, 마당 한켠에 일군 밭에서는 절기 따라 야채 사 먹을 이유 없게 해주었던 일 등등, 모두가 예사롭지 않은 재미였습니다.

여름날의 소나기는 어쩌면 그렇게도 멋들어졌던지 베란다에 홀로 앉아 쏴아~ 하며 희뿌옇게 뿌려대는 빗줄기를 응시하며 하염없는 상념에 젖기도 했었습니다.

늦가을 어느 날, 홀로 옛집을 지키며 여느 때처럼 볼륨을 한껏 올린 오디오 사운드에 푹 빠져 있을 때였습니다. 후드득 굵은 빗방울 닿는 소리에 얼핏 눈 돌려 동편 창밖을 본 순간, 감나무 마른 잎들이 황금빛으로 물든 정원을 배경으로 비바람에 흩날리는 정경이 꿈속의 한 장면 같아 내게서 '아!' 하는 신음 같은 탄성이 절로 새어 나왔습니다. 머리 위 먹구름은 무거운데 서쪽 하늘에 노을 끌며 지는 해는 구름을 비집고 마지막 햇살을 쏟고 있었습니다. 삭막함을 더해가는 가을 정원이 때로는 그토록 아름답게 빛날 줄을 예전엔 미처 몰랐습니다.

초겨울의 을씨년스런 풍광이 지척을 모를 지경으로 자욱한 안개에 묻힐 때면, 마치 천상의 비경에 든 양 유별난 감흥에 젖기도 했습니다.

한겨울, 담장 따라 줄줄이 늘어선 소나무와 뜰 한켠에 아담하게 자리한 장독대가 하나같이 흰 눈을 수북이 인 장면은 적막을 더하며, 더할 나위 없이 신묘한 한 폭의 산수화로 비쳤었고, 거기서 살아온 날들이 예사로운 축복이 아니었음을 새삼 절감케 했습니다.

옛집이 못내 그리워 마음은 그 동네, 동구 밖 언저리에 엉거주춤 걸린 꼴입니다만, 사실 그 곳에서의 삶이 딱히 아름다운 것만도 아니었습니다. 새 싹 움트는 이른 봄부터 잔디가 성장을 멈추는 늦가을까지 매달 두세 번씩의 잔디 깎기, 정원수 가지치기와 정원 손질, 가을은 가을대로 끊일 사이 없이 이어지는 잡다한 일들, 그리고 겨울이면 김장독 묻기 등 겨우살이 준비와 자동찻길 눈 치우기도 예삿일이 아니었습니다. 또 보일러, 전기, 상하수도, 하수구 등등 수리를 포함한 세간살이 거두기가 어느 것 하나 성가시지 않은 일이 없었습니다. 더구나 그곳은 거리가 멀다고 출장을 거절당하거나 출장비를 곱으로 물어야 하는 일도 예사였습니다.

게다가 길 고양이가 불쌍하다고 먹이를 마련해주기 시작하면서부터는 고양이 일곱 마리에 강아지도 큰 놈, 작은 놈으로 서너 마리, 합쳐 대가족으로 바글거린 적도 있었습니다. 이 녀석들은 한 식구로 생각되어선지 서로 간에 사이가 좋은 편이었습니다. 아이들 또한 동물과 호흡을 함께 하는 삶이 행복스러웠겠습니다만 어른에게는 이 또한 짐이었습니다.

더구나 나는 동물과 그다지 친하지 않았습니다.

이 녀석들은 낌새라도 챈 건지 먹이는 내가 꼬박꼬박 챙겨주는데도 따르는 사람은 따로 있었습니다. 은근히 얄밉기도 했었죠.

넓은 정원 딸린 단독주택에서 때로는 이웃과 함께 바비큐 파티도 즐기며 아기자기하게 산다는 것이 젊을 때는 미처 느끼지 못했던 힘겨움이 되어, 끝내는 아쉬움을 뒤로 하고 이사를 결정하게 되었습니다.

그동안 쌓인 정 때문인지 돌아서기가 쉽지 않았고, 가구도 주인의 품과 오래하다 보니 혼이 배어 있음인지 이삿날을 이삼 일 앞두고 모든 가전제품들이 약속이나 한 듯 일제히 가동을 멈추었습니다. 하긴 제한 수명을 꽤나 넘긴 것들이니 당연한 귀결이라 봐야겠지요. 그간 주인과 끝까지 호흡을 같이 해준 것만으로도 여간 신기하고 고마운 일이 아니었습니다.

새집으로 옮기고부터는 온갖 성가신 일들이 사라진 꼴입니다만, 정든 모습들을 향한 그리움은 쉽게 사그라지지 않을 것 같습니다. 여기 저기 분가시킨 동물들은 옛 주인 잊고 잘 있겠거니~. 우리 아이들은 몹시도 보고 싶어 합니다.

그리고 새로운 거주환경이 편하다고 느끼기 이전에 뭔지 모를 멋스러움이 몽땅 쓸려 나간 듯 공허감이 밀물 되어 옵니다. 생각해보면 살림살이는 번거로웠어도 그것이 사는 재미였기에 그리움이 저만치서 주춤거리는 거라 여겨집니다.

지금의 새장 살이(?)는 빗소리조차 전하지 않고 서정을 품은 자연의 숨결이 무엇인지도 알려주지는 않습니다. 그래도 정들면 고향이라고 새로운 삶터의 맛을 쌓아가야겠지요.

나무기러기 참 뜻은 이 아름다운 세상,
가득한 사랑마음 하나로
행복하게 살라는 의미 같습니다.

아파트 거실에 소형 수족관을 들여 놓고 성어(成魚)가 다 된 색색의 비단잉어를 대여섯 마리 정도 키워 본 적이 있습니다.

낯선 사람이 가까이 하면 영락없이 바닥에 배를 깔고 숨는 시늉을 했습니다. 두려워하는 것 같았습니다.

그래도 집안 식구에게만은 용케 알은 채를 하며 꼬리를 마구 흔들고, 먼저 다가오겠다며 요란을 떨고 물 위로 치달아 오릅니다.

반갑다는 뜻이겠고 때로는 먹이를 달라는 표현이기도 했습니다. 곱게 쓰다듬어 주면 마치 기다렸다는 듯 물 밖으로 주둥이를 빠끔거리며 꼬리를 살랑거렸습니다. 우리 가족끼리 엄마 아빠 잉어, 오빠 동생 잉어 등으로 짝을 엮어 경쟁 삼아 관심과 사랑을 듬뿍 쏟은 시기였습니다.

단순히 관상어라고 치부할 수만은 없는, 믿음과 사랑이라고 하는 돈독한 관계가 형성된 셈이지요.

종(種)이 다른 생물과 이루어지는 교감이
참 신기하고 재미가 넘쳤던 것입니다.
미물도 애정을 쏟은 만큼 스킨십을 즐기며 조응한다는 것을
피부로 느꼈고
주어지는 상황에 본능적으로 대처하는 모습도 보았습니다.
이 귀한 생명을 어찌 허수로이 볼 수 있겠습니까?
나무기러기 뜻,
삶에 내재된 생동의 움을 보는 것입니다.

다만 지금 와서 생각하니 그들이 온전히 행복하지는 않았으리라는

가책이 따릅니다. 넓은 세상에서 자유롭게 유영하지 못하고 몸집에 비해 옹색한 공간에 갇혀 살게 한 것이니까요.

그러나 생태 환경의 존엄을 이해하고
지키는 시각의 범위 안에서라면
나무기러기 뜻,
사랑 마음만큼은 애틋한 계기를 통해
명랑 가정 만들기의 훌륭한 방편이 될 수 있다 생각합니다.

안청언 AHNCHUNGUN

어느 해인가 유난히도 추웠던 겨울 어느 날, 화분에 몸통을 꽂은 채 버려진 모양의 벤자민 나무를 보았습니다.

허옇게 비틀어가는 잎사귀 몇 가닥의 앙상한 가지로 짙은 그림자 드리우며, 차가운 외벽에 비스듬히 걸친 모양새가 무척이나 애처로웠습니다. 어쩌면 살릴 수 있겠다는 느낌이 들어 용달차 편으로 집에 옮겨왔습니다. 거실에 두기에는 역간 부담스런 크기였지만 정성을 다해 가꿨는데 차라리 돌봤다는 표현이 맞을 듯합니다.

세심한 보살핌 때문이었던지 볼 품 없던 나무는 새 싹을 틔우며 차츰 틀을 갖추어 갔고, 드디어는 풍성한 잎새들이 햇빛을 투과시키며 싱그러운 자태를 뽐내기 시작했습니다.

이것도 연(緣)인가 생각하며 친숙함은 더해 갔고 틈틈이 잎사귀도 살뜰히 닦아주며 매일을 유심히 살피고, 휴일이면 요모조모 뜯어보며 잎 고르기와 가지치기를 게을리 하지 않았습니다. 일과처럼, 출근 때는 눈도장 찍고 퇴근해서는 꼼꼼히 지켜보며 마주보고 얘기하듯 눈으로 정감을 나누었습니다.

때문에 애착도 깊어 가며 어느 사이에 나무가 물이나 영양 보충, 분갈이 등등 무엇을 요구하는지에 대한 표정까지 읽는 수준이 되어 갔습니다. 나무 또한 사람의 손길을 즐겼음은 분명한 것 같습니다.

사실, 벤자민과 눈 맞춤할 때만큼은 잡념을 잊고 마음에 평화만 가득히 안기는 행복한 시간이었습니다. 나무는 쑥쑥 자라 어느새 천정에 닿을 지경에 이르렀습니다. 실내에 두고 가꿀 형편이 아닌 것입니다. 별도리 없이 이별하게 되자 피붙이를 떼어내듯 가슴 한켠이 뻥 뚫리는 허전함을 느꼈습니다. 정을 쏟은 만큼의 아픔이겠지요.

마음을 몽땅 앗겼던 그 당시의 기억 때문인지 생물에 대한 애정 쏟기는 또 상처가 될까 봐 주저하게 되었습니다.

식물도 분명히 감정이 있고 그들만의 파장(波長)언어가 있어서
인간과의 교감을 거부하지 않는다는 느낌을 받습니다.
나무기러기가 의도하는 사랑이란
이 세상 모든 생명체에 연계되는 보편성이 아닐까 생각해봅니다.

AHNCHUNGUN

주님! 저는 기독교 신앙인임을 자처하면서도 성서를 통한 주옥같은 주 하느님의 사랑 말씀 어느 한 줄도 제대로 외우지 못하며 미사 참여조차도 소홀히 하는 홑껍데기 신자입니다.

기독 신앙의 궁극적인 목표는 완덕의 길을 걸으신 예수님의 족적을 닮아가는 길이겠거니 하는 막연한 생각을 담고 살면서도 알게 모르게 온갖 구린 삶을 이어온 것이 아닌가 하는 회한이 따릅니다. 참 신앙정신에 근거하는 삶 안에 사랑과 평화가 온전히 녹아드는 법임을 입 밖으로는 외면서 스스로를 내세우려는 세속적 욕심이 앞서니 감사의 마음이 제대로 뿌리내릴 여지가 없고, 예수님 행적을 가슴에 그리며 산다는 것조차 허울로 머물 수밖에 없겠습니다.

지난 일들을 후회하지도 말며 후회할 일도 만들지 말라는데, 가벼운 입으로 남의 가슴을 잔인하게 허물었던 과거의 숱한 어리석음이 저의 큰 죄과 중 하나입니다.

주님은 가득한 자애로, 인간이기에 너무나 부족하고 나약한 저를 은총의 빛으로 이끌어 주시며 때로는 기대어 지탱할 수 있는 용기와 지혜와 힘을 내려 주십니다. 주님께서는 또 악의 씨앗은 악의 열매로, 선의 씨앗은 선의 열매로 인간이 뿌린 대로 거두게 하시되 사랑이라는 명제를 잊지 않고 사는 삶이 인생행로에 커다란 밑거름으로 작용할 것이라는 믿음도 주십니다.

어렴풋이나마 제게 감사의 의미를 일깨워 주시는 주 하느님! 언제나 용기 부족으로 주님 뜻 반영된 삶에 가까이 하지 못함을 용서해 주십시오. 주님께 소망하는 바는 단지 하나, 저 역시도 주님처럼 한없는 낮춤을 아는 사람이 되게 해 주심입니다.

하루의 삶에 감사가 충만하며 헛된 물욕이나 허영심에 이끌려 아등바등 살지 않고, 작은 일에 일희일비하지 않는 심중함도 길러 주시며, 가득한 사욕과 시기, 질투 등 영혼을 할퀴는 번뇌에 빠지지 않게 이끌어 주십시오.

의심과 미움, 분노와 증오의 찌꺼기를 지우며 온유의 가슴이 열리게 이끌어 주시고 불의를 외면하지 않게 해주시되 따뜻한 시선으로 어루만질 줄 아는 마음도 기르게 해주십시오.

눈에 밟히는 모든 부러운 것들은 감사와 성실로써 받아들이게 해주시며, 진지한 탐구가 결여된 허황된 꿈만으로는 인생의 봄날을 기대할 수 없음을 명심하여 삶의 어떠한 국면도 거뜬히 넘을 수 있는 굳건함을 키우게 해주십시오.

순수하고 선한 마음으로 세상을 보며 간언(間言)에 쏠리지 않게 밝은 귀를 주시고, 누구에게나 장점을 찾아 치켜세울 줄 아는 인간으로 짊어 주십시오.

세상만사 또한 대결의 갈등구조로 얽히지 않게 풀어 주시고 오직 안정과 평화만이 가득한 누리로 이끌어 주십시오.

예수께서는 세상의 가장 낮은 곳, 구유에 태어나시며 짧은 생애를 통하여 육신의 안일을 추구하신 흔적 하나 남긴 바 없으시며, 그 누구의 허물도 들추고 흉보며 헐뜯고 매도한 적도 없으십니다.

스스로를 지울 최후의 순간까지 예언하시며 누구의 탓으로 돌려 원망하신 적도 없으시며 끝까지 의연한 모습으로 숱한 시련과 조롱을 넘기시고, 부활로써 세상의 빛이심을 증거하셨습니다.

참된 권력은 비우고 내림에서 나옴을 몸소 보여 주심에서 이 분이야말로 세상을 짊어지신 진정한 왕이시라 생각합니다.

예수께서 남기신 행적처럼
하느님 뜻에 순종하는 진정성이 고스란히 반영된 신앙 안에서
나무기러기 뜻, 사랑의 의미를 새기며 사는 삶이야말로
더할 수 없이 높은 삶의 조건이리라 생각합니다.

셋째 마당
교육을 생각하며

생명을 귀히 여기며
인간다움으로
함께 사는 이치를
깨우치게 이끄는 동력이
교육의 참 가치이며,
이런 형태의 교육이야 말로
행복사회를 다지기 위한
선결과제라 생각합니다.

선린사회를 이끄는 교육의 책임은 학교만도 아닌,
부모와 사회 공동의 과제이기도 합니다.

열이란 숫자는 십진법으로 반복되는 10단위의 맨 끝 자리 숫자로써 동서고금을 통하여 흔히 완성의 의미로 인용되고 있습니다. 따라서 10대란 인생행로의 가장 중요한 시점에 서 있는 시기라는 의미와도 맥락을 같이하지 않을까 생각됩니다.

십대가 미완성기와 조정기의 특질을 갖는다는 측면에서 그들의 삶의 모습이 인생의 향방을 가늠할 중심축으로 영향할 수 있다고 생각합니다. 십대의 사고 패턴이 인생성공의 가능성을 결정짓는 가늠자가 될 수 있다는 점 때문에 또 하나의 새로운 출발임과 동시에 완성의 약속이기도 하기 때문입니다.

비전을 꿈꾸고 비전의 완성을 쫓아 열정을 불사르는 십대, 꿈도 많고 격정이 요동치는 십대, 자신의 미래를 슬기롭게 책임질 줄 아는 십대는 결코 억제가 아닌, 그렇다고 해서 방임도 아닌, 기성사회 어른의 책무와도 관계합니다.

이처럼 십대는 도전적 의지를 키우는, 생에서 가장 아름다운 시기라는 의미와 통합니다만 안타깝게도 숨 돌릴 사이 없이 공부 지옥, 취업 지옥 속을 헤매며 교습학원 같은 곳에 내몰리고 있습니다.

어떤 면에서는 꿈마저도 말라가는 나약한 십대를 양산하는 가혹한 현실이 어쩔 수 없는 다양한 요인을 배태한 기성사회 탓이라고 인정하지 않을 수 없으며, 부모의 책임 또한 큰 것 같다는 생각을 지울 길 없습니다.

일편단심 자식은 부모처럼 고생시키지 말아야지 하는 우려가 역설적으로 작용하여 십대를 모험보다는 안주를 택하도록 몰아가고 있다는 느낌이며, 이러한 비생산적 교육 의식이 초래하는, 개인 내지는 국가의 경제손실 또한 어마어마할 것이라 추단하게 됩니다.

세상은 너무나 빨리 변하며 기존 암기 위주의 주입식 교육이 아니라 창의 지향형 경험교육 바람이 요원의 불처럼 거세게 일고 있습니다.

돌부리에 걸려 고꾸라지는 한이 있어도 다시 일어나 뛸 수 있는 것이 젊음의 특권입니다.

자녀에게 성공하는 삶을 위한 경험의 기회가 체계적으로 열릴 동기부여의 장이 마련된다면 이 얼마나 멋진 일이겠습니까?

부모 판단 중심 과보호는 자녀의 자율적인 성장 기회를 가로막는 결정적 요인이 됩니다.

부모는 어디까지나 참을성 있는 아량으로 자녀와 수평적 친밀감을 유지하며 자녀로 하여금 거리낌 없이 부모와 논의에 임하도록 마음을 여는 미더운 대화 상대가 되어야 한다는 분명한 이유가 있습니다.

경우에 따라서는 보다 적극적으로 부모의 대화에도 격의 없이 참여하도록 하는 의도된 상황 연출도 필요할 수 있다고 생각합니다. 참여의식의 고취는 자녀로 하여금 자주적 판단력과 성취감을 북돋우는 중요한 구실을 할 것이며 자아확립의 디딤돌이 될 것이기 때문입니다.

부모를 어려워하며 부모로부터 명령조의 지시만 받고, 자율 의지를 위축 받으며 성장한 아이는 사춘기를 넘으면서는 왜곡된 반항 심리에 돌입할 수도 있습니다. 그렇다고 해서 부모를 향한 존경 의식이나 사랑의 마음이 희석될 수 있다는 뜻은 아닙니다. 단지 자유로운 의사소통의 기회가 단절되었던 일종의 후유증이며 지울 수 없는 상처라 할 수 있겠습니다.

"어차피 핀잔만 받겠지." 하며 터놓고 의논할 의탁의 대상이 아닌 것으로 굳혀진 거북스러움이겠지요. 그렇기 때문에 부모란 자식에게 있어 외경 일변도의 어른이 아니라 친밀한 대화가 가능한 친구 같은 존재가 되어야 할 것입니다.

부모와 자식 간에 끈끈한 유대감이 작용하기 때문에 아이로부터 든든한 믿음의 존재로 각인될 것이며, 더욱 살뜰한 애정 표현의 모습도 보게 될 것입니다. 물론 사안에 따라서는 중심 잡힌 가치관을 키우며 절도 있는 자기 제어를 할 수 있도록 할, 애정 어린 따끔한 충고도 소홀히 해서는 안 될 일이라 생각합니나.

아무리 어린 나이의 아이라 할지라도 독립 개체로서의 존재의 의미를 인정해 주어야 합니다. 사춘기의 역풍에 잘못 휘말리면 평생 후회할 역주행을 할 수도 있는 법입니다.

인생에는 도돌이표가 없지 않습니까?

자녀의 절체절명의 시기를 대비하는 현명한 부모로 남기 위해서는 재바른 가정 문화 정착이 우선으로 요구되겠습니다. 부모의 냉철한 판단과 결단이 따라야 하리라 생각해봅니다.

자녀는 부모의 노리개가 되어서도, 또 부모의 일방적인 가치관의 담 안에 갇혀 사는 꼭두각시가 되어서도 안 되니까요.

나무기러기 사랑의 진정한 의미는
자녀가 스스로의 절대가치를 키우도록
자발성을 돋구어주는 일이라 생각합니다.

나는 어릴 때부터 손재주가 있다고 들으며 그림이 좋아 그림 속에 파묻히다시피 하며 자랐고, 곡절이 전혀 없었다고는 할 수 없으나 그것이 훗날 생계의 수단이 되었으니 이보다 더 큰 혜택은 없다 여기며 항상 감사하고 있습니다.

그림을 그리면 환쟁이, 예능인은 풍각쟁이 등으로 낮잡아 부르며 이 짓을 하면 밥 빌어먹는다고 하여 극도로 경원시했던 시절이 있었습니다. 그러나 시대는 놀랍도록 빠른 속도로 변했고 미래는 더 빠른 속도로 변모를 거듭할 것으로 보입니다. 상황에 따라서는 어쩔 수 없이 비굴함도 견뎌야 하는 보편적 직장인 시대에서 전문 직업인의 시대로 비중이 기울고 있으며, 상상조차 할 수 없었던 새로운 직업이 줄줄이 쏟아져 나오는 시대에 우리는 살고 있습니다.

물론 어느 누구도 한 치 앞을 모르고 운명적 시간의 흐름을 알 수 없는 것이 인간이긴 합니다만, 자녀가 태생의 재능을 보이거나 어떤 분야에 심취하여 줄기차게 애착을 보이고, 몰입도 또한 깊다면 전문가의 조언을 빌려서라도 자녀가 원하는 방향으로 진로를 개척하도록 기회를 열어주는 것이 부모의 도리라는 생각을 하게 됩니다.

이제 우리 사회는 잘난 학벌이나 학력보다 능력을 중시하는 실력사회를 향해 줄달음질 치고 있기 때문입니다. 기계적으로 규격화된 가치개념의 틀에 갇힌 나약한 자녀가 아니라, 정년이란 단어의 경험이 요구되지 않는 평생 자랑이 될 직업을 자생적으로 만들어 가는 자녀를 지켜보며 격려를 아끼지 않는 그런 부모가 되어야 할 시대인 것 같습니다.

몇 년 전에 〈빌리 엘리엇〉이란 제목의 영국 영화를 보고서 깊은 감동에 휩싸인 적이 있었는데, 발레에 발군의 재능을 보이는 한 소년을 알아본 지도 선생님의 적극적인 주선으로, 보다 전문적인 교육 환경으로 인도되어 빛나는 성공을 이끈다는 이야기입니다.

나 스스로도 자녀를 자율이 넘치는 창의적인 교육환경 안에서의 성육(成育)을 이끌지 못했던 못남을 크게 아쉬워하게 만든, 실로 많은 생각을 낳게 한 영화였습니다.

자존을 다지며 건전한 가치관과 용기로 자신의 비전을 키워 가는 아름다운 젊은이의 내일은 오늘날의 실험적 경험교육 환경이 뒷받침하리라 생각됩니다. 그리고 이러한 교육형태의 근저에는 개인마다 타고난 고유의 유전형 자질을 탐색하게 하고, 창의적 능력의 발굴과 신장에 초점을 두는 것이라 추측해봅니다.

창조적 사고의 아이콘인 스티브 잡스, 지구의 미래를 경고했던 우주물리학자 스티븐 호킹 박사, 현대 기능건축의 신기원을 연 스위스 출신 건축가이며 화가이기도 했던 르꼬르뷔지에, 좌절과 용기가 점철된 자신의 인생역정을 고스란히 해리포터 시리즈에 녹인 조앤 K 롤링, 피아니스트이면서 지휘자이기도 했던 레너드 번스타인 등, 이들 모두가 맞닥뜨린 운명에 과감히 도전하며 자신의 소질을 끝내 외면하지 않은 불굴의 투지와 열정, 그리고 자율적인 창조사고로 온갖 역경을 딛고 세상에 우뚝 선 인물들입니다.

팔로어 키즈 붐을 이끈 한국 골프계의 총아 박세리도 자타가 공인하는 자랑스러운 인물 중의 한 사람입니다.

요즘은 10대에 창업하여 성업을 이룬 사례를 많이 봅니다. 하루가 멀다 하고 새로운 직업이 등장하는 시대에 누구나 어느 한 분야에서만 재능을 발휘해도 안전한 생업의 기틀이 마련되었다고 할 수 있는 여건이 되고 있는 것입니다.

자녀가 소양을 보이거나 끈질기게 몰입하는 분야가 있어 그 길의 방향성이 옳다고 확인되면 격려를 하고, 또 가능하다면 지원도 아끼지 않는 부모가 곧 나무기러기 뜻을 따르는 부모라 하겠습니다.

세계에 빛으로 우뚝 선 대부분의 성공사례 뒤에는
부모의 위대한 사랑과 눈물이
그림자로 자리하고 있음을 알 수 있습니다.
이제 공부 안 한다고 닦달하고 자녀를 주눅 들게 하는
어리석은 부모는 없을 것이라 생각합니다.

"니 아브지 므하시노?"
"벼농사 하십니더."
"므? 벤호사아!?"
"벤호사 놈의 자슥 새끼나, 선생 놈의 자슥 새끼나 바로 박힌 놈 하나도 읎드라이!"
"새엠! 그기이 아이고얘!"
"므라꼬!? 에라 이 자슥 말대꾸하는 거 보이소!"
지금 생각하면 피식 쓴 웃음이 나오는 10대 시절 수업시간에 있었던 일입니다. 한 학생의 수업태도가 눈에 거슬린 교사가 학생을 불러 세워 놓고 던진 힐난조 질문에 학생의 대답에서 벼농사가 변호사로 들린 것이 화근이 된 것입니다. 그 학생은 변명 한 마디 못 해 보고 수업 시간 내내 벌선 채로 이따금씩 따가운 손찌검에 시달려야만 했습니다.

교사의 분별없는 폭력도 문제였지만, 그 행동에는 지도층에 속하는 부류의 사람들이 본이 될 구실을 제대로 하지 못하고 있다는, 사회의 부조리에 대한 분노의 의미가 내포되어 있었습니다. 그 당시의 시대적 배경을 가늠할 단적인 예라 하겠습니다만, 그때나 지금이나 양상은 변했어도 별반 달라진 건 없다는 느낌이며 더 살벌하고 각박해졌다는 생각에 일말의 씁쓸함조차 금할 길 없게 됩니다.

인격보다는 직업이나 삶의 조건이 자랑이 되거나 흠이 되거나 하는, 가치관이 일그러진 계층사회에 오늘 우리는 살고 있다고 감히 말하고 싶습니다. 바른 몸가짐이 대접받아 마땅해야 할 공정 사회가 안 되다 보니 나보다 위다 싶으면 아첨이 우선하거나, 질시와 투기, 중상모략을 일삼으며, 때로는 수단 방법 안 가리고 권력에 기생하여 기세를 올리는 철면피도 보게 됩니다.

일찌감치 존경과 신뢰가 무너진 마당이니 나라님조차도 예사롭게 도마 위의 생선이 되기 일쑤이고, 또 약자(弱者)다 싶으면 사정없이 깔아뭉개고 멸시하는 등 부끄러움이 뭔지를 모르는 누워 침 뱉기 식의 작태는 물론, 생명경시 풍조가 만연하여 야만적 폭력도 난무하는 위국의 지경에 이르고 있습니다.
올라설 기회를 노리는 가식(假飾)이나 양식(良識)을 저버리는 처신은 다반사고, 그것도 살아가는 능력이라고 자랑까지 서슴지 않습니다. 더구나 뱁새가 황새 쫓다 가랑이 찢어지는 한심한 모양새도 심심찮게 보게 됩니다.

양심이 살아야 나라가 반듯이 설 것입니다.
아래 위 없이 서로가 존중하고 섬기는 나무기러기 뜻,
정화(淨化)된 사회로의 길이 아쉽습니다.

AHNCHUNGUN

직업에 귀천(貴賤)이 없다고 하면서도 지금 세상은 사람이 아닌 직업 그 자체가 존경받는 세상이 되고 있습니다. 자신의 직무를 수행하는 충실성으로 존경을 받아야 마땅한 일일 텐데 말입니다.

단순 노동이나 가벼운 서비스업에 종사하는 사람의 경우, 소위 '갑질'에 시달리며 제대로 사람대접도 못 받고 눈물을 가슴에 묻고 사는 경우가 많은 것 같습니다.

어른에 대한 불경도 도를 넘어, 부림을 받는 입장에 놓이면 노인조차 새파랗게 젊은 측으로부터도 예사로 하대(下待)를 받고 손찌검 내지는 언어폭력에 휩싸이는 모습을 심심찮게 보게 됩니다.

그런 대접받는 분도 가족에게는 사랑받고 존경받는 어머니, 아버지입니다. 그 마음을 서글프게 하는 만큼 언젠가는 자신의 마음도 아플 수 있습니다. 누구에게나 슬픈 눈물이 있을 수 있음을 알아야겠습니다. 천직이란 말이 천직(天職)이 아니라 천직(賤職)으로 들립니다. 참으로 서글픈 일입니다.

직업이나 삶의 조건에 따른 남의 시선이 의식되면 기도 꺾이게 마련이고 직업에 대한 자부심도 세우기 어려워 프로 정신을 만난다는 것도 쉽지 않게 됩니다. 비정상이 정상으로 보이는 왜곡된 시각이 대세가 되는, 의식이 멍든 사회는 미래가 없겠습니다. 가치관이 올바르게 자리 잡힌 사회의 조속한 정착으로 살피고 배려하며 먼저 다가가 소통하려는 선한 의지가 앞서는 열린사회가 아쉽습니다.

남이섬, 남이나라 강우현 부회장이 청소하는 분이나 식당 아주머니를 예술가에 비유하며 존경의 마음을 담아 선생님과 어머니로 호칭한다고 합니다. 이 얼마나 멋진 풍경입니까?

언젠가 어느 대기업 회장 부인이 자신의 신분을 숨기고 회사 화장실 청소를 열심히 하며 누구에게나 공손했다는 이야기가, 그 주인공이 끝까지 밝혀지지 않았다면 진정으로 아름다웠으리란 생각도 해봅니다.

제 아무리 치열한 경쟁사회라 할지라도
정의가 바로 서고 인간으로서의 존엄성도 지켜지며
스스로를 낮추어가는 삶의 자세라면
이것이 평등을 부르는 건강사회의 지표, 나무기러기 뜻,
공생사회의 바른 모습이 아닐까 생각합니다.

ㅇㅏㄴㅊㅓㅇㅇㅓㄴ AHN CHUNG UN

교편생활 초년 시절의 옛 이야기입니다.

어느 날 수업 중 학장님의 호출에 끝나는 대로 뵙겠다고 했으나 당장 오라는 전갈이 있어 뛰다시피 갔습니다. 학장실에는 분을 삭이지 못하고 계신 한 분의 외국인 교수님과 화가 끝까지 치미신 학장님이 벌겋게 상기된 얼굴로 계셨습니다.

사연인즉, 이 외국인 교수님이 갑작스러운 모친상으로 부득이 종강을 몇 주 앞두고 본국으로 급히 떠나시게 되어, 수업의 마무리를 맡기시며 학생 개개인의 성적을 꼼꼼히 기록한 노트를 참고하라고 주셨는데, 그 분의 평가기록을 거의 반영하지 않은 나의 최종 성적표가 말썽이 된 것입니다. 그 교수님은 모욕감을 이기지 못해 당장 고소하겠다고 난리셨고, 학장님은 파면이라며 길길이 뛰셨습니다. 나는 대충 다음과 같이 경위에 대한 말씀을 드리게 되었습니다.

"교수님의 평가기록을 외면한 형태는 대단히 무례한 처신이라 생각되어 뵙는 대로 사과부터 드리고, 자초지종을 말씀드리고자 했습니다.

보시다시피 우리 학생의 대다수가 사회는 물론 부모로부터도 인정받지 못하는, 열등감만 가득 안은 애처로운 모습들입니다. 그래서 이들이 희망과 용기를 갖고 가능성에 대한 밝은 꿈을 키우며 학업에 전념하도록 이끄는 분위기 조성이 최우선 과제라 생각했습니다.

더구나 교수님의 나라는 우리보다 훨씬 안정된 선진국이고 한국은 누구랄 것 없이 모두가 땀 흘려 일어서야 하는 가난한 나라입니다. 때문에 학업평가에서 자질보다는 노력을 아끼지 않는 끈기와 성실성에 비중을 더 두게 되었고, 노력하는 자 앞에 길이 열린다는 것을 신념으로 심어 주려고 했던 것입니다."

말하자면 우리의 밝은 미래를 위해서는 약은 짓거리로 게으름 피우는 토끼형의 인간보다는 앞만 보고 뚜벅뚜벅 한 걸음씩 착실히 정진하는 거북이형 인간이 더 많이 필요하다는 뜻이었습니다. '세상은 넓고, 할 일은 많다'는 책까지 펴낼 정도로 부지런히 온 세상을 누비신 옛날 대우그룹의 김우중 회장님의 예도 들었습니다.

"듣고 보니 결과 중심형의 관습에 갇혔던 나 자신의 편협한 사고가 아쉽습니다. 과정도 중요하다는 한국의 현실을 이해할 수 있을 것 같습니다."

어느새 평온한 모습을 되찾으신 그 외국인 교수님의 말씀이 뒤따랐고, 그 일은 부드럽게 수습이 되었습니다.

용기를 잃지 않고 꿈을 키우며 산다는 것이 얼마나 바람직한지를
생각해야겠습니다.
희망을 모르는 삶은 죽음이나 다름없는 어리석음입니다.
잔꾀보다는 꾸준히 노력하는 성실한 자세가
결국 자기완성에서 남보다 앞서게 되는 경우를 흔히 보게 됩니다.
결과도 중요하지만 무엇보다 실패를 두려워하지 않는 열정이
나무기러기 곧은 근성이겠으며 미래를 밝게 열어가는 열쇠이겠습니다.

ㅇㅏㄴㅊㅓㅇㅇㅓㄴ AHN CHUNG UN

교직 생활 중에 있었던 가슴 아픈 옛 이야기 한 토막입니다.

겨울방학이 시작되고 크리스마스도 가까운 어느 날, 졸업을 앞둔 한 학생이 불쑥 찾아왔습니다.

"교수님! 저 유학 갑니다."

"오 그래 축하한다. 열심히 하자."

"그런데 전공은 바꿀 거예요."

"아니 왜?"

"교수님 때문에요."

"그게 무슨 뜻이냐?"

처음부터 어투는 곱지 않았어도 목소리만큼은 차분했었습니다.

"교수님은 저를 입학 때부터 미워하시더니 끝까지 미워하시는 거 같아요."

"……?"

"왜 제게는 A학점을 한 번도 안 주셨습니까? 다른 교수님들은 모두 제게 A를 주셨는데 교수님만 유독 B 이상을 주신 적이 없으세요. 이게 저를 미워하신 의미가 아닌가요? 저는 4년 내내 누구보다 잘했다고 자부합니다.

너무 억울해요!"

언성이 조금 높아졌습니다.

"학생이 뭔가를 크게 오해하고 있는 것 같은데 자네를 미워한 적도 없고, 설사 그랬다 한들 미움의 마음을 점수로 표시한 적은 더더구나 없어요."

"거짓말 마세요! 교수님과 친한 애들은 모두 점수 잘 주셨잖아요!"

흥분이 격해지며 주먹으로 탁자도 내려치고 급기야는 울음보도 터트려 나를 무척 당혹스럽게 만들었습니다.

"양주 한 병 갖고 올까 망설이다 그냥 왔어요오~!"

열이 받쳐 터진 이 한마디는 내게 가득한 모멸감과 끓어오르는 분노를 안겨 주기에 충분했습니다. 그러나 지그시 눌렀습니다. 왜냐하면 이 학생의 일방적인 지레짐작식의 마음 씀씀이가 스스로를 불행으로 이끌 수 있겠다는 우려가 우선했기 때문입니다.

삶을 통해 부딪쳐 오는 다양한 문제들을 긍정의 마음가짐으로 해소책을 강구하는, 적극적 의지와 슬기를 키우지 못하고 그늘진 마음으로 살아간다면 이보다 더한 불행이 또 어디 있으랴 싶습니다. 물론 재학생의 위치에서 교수에게 감히 어필하다 보면 불이익을 당할 여지가 다분히 있으리라 여겨 확인해볼 용기조차 접은 채 속앓이 4년을 이어 왔겠습니다만, 어린 마음의 지난 시간이 몹시도 가련하게 느껴졌습니다.

"그래, 나에 대한 오해로 인한 지난 4년이 얼마나 힘들었겠나. 그것만으로도 자네한테 큰 죄를 지은 거나 진 배 없네. 그런데 학점 잘 받았다고 생각되는 친구들은 누구지?"

"○○이, □□이, ◇◇이, ☆☆이, 걔네 있잖아요!"

이젠 사뭇 아우성입니다. 나는 마침 책상서랍에 넣어 두었던 해당 학점 처리 사본을 그 학생에게 넌지시 내밀었습니다.

"그럼 그 친구들 성적을 직접 확인해보게나."

그 학생이 내뱉듯이 지적한 학생들의 학점은 한결같이 C를 넘지 못하고 D마저도 있었습니다. 졸업을 앞둔 학기에 D가 있다는 것은 치명적일 수 있습니다. 물론 나의 평가법이 반드시 옳다는 뜻은 아닙니다.

학점내용을 확인해 본 학생은 잠깐 초점을 잃은 시선으로 허공을 응시하더니 벌떡 자리를 박차고 일어나서는 부리나케 사라져 버렸고 그 후로는 소식을 모르는 상태입니다.

나는 학점 부여만큼은 한 번도 사감(私憾)에 이끌린 적이 없다고 당당하게 말할 수 있습니다. 사람이니까 때로는 미움의 감정이 앞설 수는 있으나 그것을 성적에 반영시키는 따위는 내 혼을 파는 일이라 생각되었기 때문입니다. 면학을 포기한 듯싶은 학생이 있으면 솔직히 방관하는 경우도 없잖아 있었습니다. 그들을 우격다짐으로 이끌어 간다는 것은 서로가 괴롭고, 여간 힘든 일이 아니었기 때문입니다.

그래선지 그들과는 아주 편한 사이가 됩니다. 그들을 향한 이런 나의 처신이 일부 학생들의 눈에 편애로 비쳐졌나 봅니다. 내게 있어 사이좋다는 것과 성적은 전혀 별개 문제였습니다.

따져 보면 내 앞을 스쳐간 모든 학생들은 내 자식이나 다름없는데 그들 모두에게 친절하고 다정다감한 모습을 보여주지 못했었다는 자괴감이 가슴을 아프게 합니다.

어느덧 많은 세월이 흘렀습니다.
'그때 그 학생은 지금쯤 어디서 무얼 하며 어떻게 지내고 있을까?'
가끔은 섭섭함보다 궁금함이 앞섭니다.
'불행을 싹 틔우는 어두운 마음씨는 접고 행복하게 살아줘야 할 텐데~.'

누구에게나 한결같이 따뜻한 시선으로
살피고 이해하고자 노력하며
배려의 마음을 키워가는 것이 나무기러기 뜻,
사랑 나눔의 본질이겠습니다.

"선생니~임! 너무 반갑습니다. 저희는 D중 졸업 동기생들입니다."

꿈도 많고 탈도 많았던 대학시절을 기어이 마무리한 지 이삼 년 정도 지난 후 개인적인 일로 부산에 잠깐 들렀을 때의 이야기입니다. 뜻밖의 장소와 시간에 맞닥뜨린 한 무리의 고교생들 앞에서 나는 일순 멈칫했습니다. 그들을 선뜻 몰라봤기 때문입니다.

"5년 전 저희 중 1때 선생님 미술수업 시간이 정말 환상이었습니다. 잊을 수가 없습니다!"

아! 그랬군요. 학창시절 휴학 중, 부산 D중고교에서 교편을 잡고 있던 고교 동문 친구의 배려로 딱 1년간 임시 교사 생활을 한 적이 있었는데, 그때의 중학교 1학년생들이 이제 고교생이 되었네요. 이들이 동기모임 중에 나를 우연히 발견하고 이렇게 몰려와 감동스런 회우(會遇)를 하게 된 것입니다.

그 당시 나는 수업에 임하며 나름대로 몇 가지 원칙을 세웠습니다.

첫째, 학생들로 하여금 경제적 부담이 되는 수업준비는 절대로 시키지 않는다. 대신 각자 집에서 쉽게 발견할 수 있는 폐품들을 수업재료로 활용토록 한다.

둘째, 수업 진행은 반드시 그룹 형태를 취한다. 한 그룹에 다섯 명 이상이면 한두 명 정도가 교재 준비를 빠트렸어도 수업 진행에 지장은 없을 테니까. 다만 그룹 구성은 사전 예고를 통해 한 번 팀이 되었던 급우끼리는 최대한 같은 팀으로 반복 편성이 되지 않도록 다양한 방식으로 매번 재조직하는 것을 원칙으로 한다. 편 가르기가 고착화 되면 요구되는 교육성과를 기대할 수 없으니까.

셋째, 미술수업은 결코 손재주 자랑 형이 되어서는 안 된다. 누구나 자유스런 발상으로 그룹 구성원끼리의 협력을 바탕으로 하되 놀이처럼 진행하도록 이끈다. 말하자면 따분하고 재미없는 미술수업 시간이 아닌, 보람되어 뿌듯한 한바탕의 상상잔치 놀이가 되어야 한다.

넷째, 그룹 중심 수업의 결과에 대한 평가는 일정한 룰(규칙)은 두되 학생들 스스로에게 맡긴다.

수업료 밀렸다고 집으로 쫓겨 가는 설움, 돈 없어 미술재료 준비 못 한 학생은 수업시간 내내 벌 서 있어야 하는 설움 등등을 보며 가난도 죄인가 하는 생각을 했던 어린 날들의 서글픈 기억들이 내 가슴을 짓눌렀기 때문입니다. 사람의 가치가 물질에 휘둘리는 꼴이 되면 그것이야말로 비극이니까요.

나는 이렇게 하여 도입부를 열어준 것 외에는 수업시간 내내 교실을 맴돌며 지켜봐 주기만 하면 되는 것이었고, 학생들에게는 그들만의 진지한 시간이었던 것입니다. 이러다 보니 미술시간은 의례 왁자지껄 난장판 교실이 되었습니다. 그 시절만 해도 학교 건물이 판잣집이라 옆 교실에 소음 아닌 소음이 되어 학교 당국에 주의를 듣기 일쑤였습니다.

그러나 나는 음악교실처럼 외딴 자리의 교실을 요청하기도 하면서 나만의 수업방식은 바꾸지 않았고, 일찌감치 물러나긴 했어도 나에게만은 잊을 수 없는 추억의 한 토막이 되었습니다.

선린(善鄰)사회를 이끌며
낙후된 제도나 관습의 굴레에서 벗어나려는 의지의 노력만큼
선진사회가 다가온다는 것을 새기는,
트인 마음도 나무기러기 참뜻 중의 하나라 여겨집니다.

ㅇㅏㄴㅊㅓㅇㅇㅓㄴ AHN CHUNG UN

"이거 얼만지 아니? 십만 원이 넘거든. 우리 집에 이런 거 많아. 넌 없지?"

10살 정도의 어린이가 나이가 더 어린 아이에게 던지는 의기양양한 자랑의 표현입니다. 돈의 가치가 떨어졌다고 해도 십만 원이면 결코 적은 돈이 아닙니다. 돈에 겁이 없습니다. 분명 기 살려준답시고 오냐 오냐 하며 키우고 있다는 근거로 보입니다.

"이 신발 어디 건지 아냐? 비싼 거다!"

어린이가 자신의 장난감류나 몸에 걸친 것을 자랑스러워하며 상대방을 예사롭게 조롱하고 우쭐댑니다. 같은 유형의 장난감이라도 누가 더 많이 갖느냐가 상대를 주눅 들게 하기도 합니다. 부모가 경제적으로 여유롭지 못하면 그것이 흠이 되어 자녀가 기죽기 십상인데 분별력 없는 조무래기 자랑 놀음쯤으로만 보고 참고 있을 부모가 어디 있겠습니까?

대수로울까 싶지만 그 부모마저도 큰 상처가 되게 하는 이런 모습이 부자를 반감으로 보게 하는 사회적 괴리현상의 한 요인이 되는 것입니다. 부자란 호사만 떠는 탐욕의 무리 정도로 연관 지어 곁눈 뜨고 보는 아주 위험한 시각도 있을 법 하니까요.

"기왕에 자가용을 타실 거면 외제 차 ♡♡ 수준은 돼야죠. 당장 바꿔 타시는 게 좋겠다 싶네요!"

한 수 아래로 내려 깔고 던지는 말투 같습니다. 애써 못들은 척하지만 가슴은 영 무겁습니다. 차량구입의 예에서도 성능이나 품질, 경제성 따위보다는 소형차라도 브랜드 가치가 최우선시 되고 있기 때문입니다.

훗날 되팔 때를 고려해야 하고, 또 기 펴고 살아야 하기 때문에 무리를 해서라도 겉치레에 신경을 곤두세울 수밖에 없습니다. 기를 쓰고라도 있는 체해야 하는, 물질 만능주의에 짓눌린 병든 사회풍조의 한 단면을 보는 것인가 싶기도 하고 내가 잘못 보고 있는 것이겠거니 머리를 가로저어 보기도 합니다.

의류같이 어떤 특정 상품의 경우는 소재나 내구 경제성을 살피고 마감처리와 디자인까지도 사용자에게 만족스러운 것이라면 구매할 때 고가라고 해서 결코 사치라 단정 지을 수는 없겠습니다만, 프리미엄급 브랜드를 가까이 하면 스스로도 프리미엄급 인간이 된다는 착각을 하고 있는 것은 아닌지~. 나도 모르게 내 스스로가 이 몹쓸 풍조에 휩쓸리고 있음을 부정할 수가 없습니다.

헛된 물욕에 눈이 가려 상대적 빈곤감이나 박탈감에 분노하며 가슴을 치는 모습도 봅니다. 무서운 중독 증상, 허영의 늪에 빠지면 삶이 휘청거릴 수 있습니다. 어른 아이 할 것 없이 가치관이 전도된 허세 중심 겉치레 치중 사회에 갇혀 사는 모양새입니다. 돈이 권력이 되고 있는 세상, 마치 모두가 금력(金力)의 노예가 되어 휘몰아치는 돈의 광풍에 휘둘리는 갈대처럼 산다는 기분입니다. 돈? 반드시 필요하지만 절대가치는 아닌 것 같습니다.

'요즘 아이들 못 쓰겠어.'

이런 말은 알타미라 동굴 벽화에서도 발견된다고 합니다만 원인이 결과를 낳는 법, 윗물이 맑아야 아랫물이 맑다는 격언처럼 어른이 어른답지 못한 행태를 자행하면서 후대를 손가락질하는 누워 침 뱉기 식 부끄러운 모습으로 살고 있습니다. 격한 경쟁사회라 할지라도 진정한 교육의 의미가 무엇인지 너 나 할 것 없이 곱씹어 생각해봐야 할 문제입니다. 아이를 바르게 키움은 어른의 몫이며 부모의 책임입니다. 아이 앞에 부끄럽지 않도록 매사를 반추하며 솔선수범을 소홀히 하지 말아야겠습니다. 한몫 단단히 잡겠다는 가당찮은 허욕의 굴레를 벗어야 마음의 평화를 얻지 않겠습니까?

아이는 어른을 본뜨며 자랍니다.
방종을 경계하고 분별력을 키우며
절제와 절도(節度)를 생명처럼 여기면서
나무기러기 뜻,
건강가정, 건강사회를 다져가야 하겠습니다.

'둘만 낳아 잘 기르자!'

정부의 산아제한 정책 캠페인을 봤던 때가 엊그제 같은데 오늘날은 삶에 대한 의식구조 변화와 더불어 각박한 삶의 영향으로 결혼인구 감소 내지는 무자녀 가정의 증가를 포함한 심각한 저출산 현상을 보는 지경에 이르고 있습니다. 핵심 생산인구의 감소는 나라살림에 큰 위협요소가 된다고 합니다만, 보다 염려스러운 점은 가정이라는 울타리 모습이라 생각합니다.

한 자녀 가정의 경우 자녀에 대한 애착이 외골수로 꽂혀 과보호라는 함정에 빠질 수 있다는 사실이 마음을 무겁게 합니다. 부모의 눈에 콩깍지가 끼면 자녀가 하는 일 모두가 대견스러워 보이고 사실보다 더 돋보이게 마련이기 때문입니다.

과보호는 결국 자녀의 독립심, 자아의식, 공동체 의식 등 자율성의 결여로 연결되어 바람직한 정서 함양의 기틀을 다지지 못할 수도 있습니다. 형제자매가 없으니 나눔과 배려의 심성을 키우기도 어려워, 이기적인 삶에 젖을 확률이 높다고 생각합니다. 형제자매가 있는 자녀는 저들끼리 마찰은 잦은 편이지만 이런 과정을 통해 인내와 양보, 배려를 배우며 살뜰한 가족애를 쌓아가는 기회로 연결됩니다.

기왕의 자식이 보배로운 것이라면 혈육이 필요한 이유입니다. 더구나 자식이 둘 이상 되면 부모가 당연히 그만큼 힘들게 마련이지만, 대신에 자녀를 통한 행복도 다르게 안기며 자녀를 보는 부모의 사고 경향까지도 훨씬 여유롭고 너그러워집니다. '둘만 낳아 잘 기르자!'가 틀린 말은 아닌 것 같습니다.

자녀가 반듯하게 성장하기를 바라는 기대치 못지않게 부모의 생활모습 또한 자녀에게 거울로 비칠 수 있음을 유념해야겠습니다. 자녀 앞에서는 매사가 조심스러울 수밖에 없는 이유입니다.

자녀는 부모의 삶의 언저리에서 자연스럽게 부모의 행실을 닮으며 자라기 때문에 가정에 녹아있는 생활정서나 정신문화는 자녀의 인격형성에 절대적인 영향을 미칩니다.

'콩 심은 데 콩 나고 팥 심은 데 팥 난다.'든가, '뿌린 데로 거둔다.'는 말들은 짚어보면 삶의 경영을 농사에 비유한, 정곡을 찌르는 표현임을 익히 짐작할 수 있습니다. 뿌리가 튼실하지 못하면 건전한 성장을 기대할 수 없다는 뜻을 지닌 '부모는 자식의 뿌리'라는 말도 새겨야 할 경구라 생각합니다. 부모의 긍정으로 가득한 삶의 모습이 스위트홈으로 연결되어 가정에 달콤한 평화가 감도는 환경이라면 그것이 곧 최고의 본이라 생각합니다. 부모가 의좋게 칭찬을 앞세우고 부드럽게 감싸는 모습이 자녀의 눈에 밝게 비친다는 것은 긍정을 보는 미래와 가까워질 수 있다는 유추를 가능하게 합니다.

양친이 엄연히 있다 할지라도 불화가 잦은 가정이라면 성장기에 있는 자녀의 가치관 형성에 장해로 작용할 수 있기 때문입니다.

오늘의 젊은 부모는 자녀 교육 관련 정보를 다양한 미디어를 통해 흡수하게 되므로 과거처럼 우려되는 상황에 쉽게 빠지지 않으리라는 믿음은 있습니다만, 부지불식간에 맹목적 자녀 사랑에 빠진 모습을 발견하게 될 수도 있다고 생각합니다. 현명하고 슬기로운 부모라면 자녀를 분별없이 비호하기보다는 단호하고 엄격한 이성적 사고와 냉철한 시각으로 감정을 다스리며 자녀로 하여금 이성을 키우고 반듯한 자아를 확립하게 하는 진정한 길잡이 역을 다할 것이라 생각합니다.

자아확립은 자녀가 아름다운 꿈을 키우는 텃밭 역할을 하며 내일을 밝힐 생존 동력의 본바탕으로 자리할 것입니다.

자녀를 정의가 흐린 혼탁한 삶의 형태로 풍랑에 휩쓸리는 쪽배처럼 살게 할 것인지, 현실을 직시하고 올바른 가치관과 정의를 쫓으며 사는, 합리적 이성의 소유자로 키울 것인지를 선택해야 하는 기로(岐路)가 부모의 앞을 가로하고 있다 할 수 있습니다.

의식주의 모든 것이 내가 잘 나서 해결된다고 생각지 않는
겸손의 미덕과 무엇이든 내 탓에서 비롯될 수 있다는 의식 내지는
이해하고 배려하는 심성 등은 부모의 주의 깊은
솔선과 지도를 통해 깨우치도록 하는 것이
나무기러기 정신이 추구하는 삶의 진정한 가치라 생각합니다.
다만 과도한 통제는 올바른 성장에 저해 요인이 될 수 있고
오히려 다그친다고 여기게 되기 때문에
반발심을 불러일으킬 수 있음을 유념해야겠습니다.

2020년, 올해로 92회째를 맞는 아카데미 영화 시상식 녹화 장면을 보면서 필히 새겨야 할 가르침의 표현이 있어 기억으로 묶어두려 합니다.

장편 부문에서 〈기생충〉으로 동양권 최초로 오스카상의 최고봉인 작품상과 도합 네 개의 상을 휩쓴 봉준호 감독이 수상 소감에서 식장에 참석한 미국의 명감독 중 한 사람, 마틴 스코세이지를 손짓으로 가리키며 노장을 한 순간 울컥하게 만들었을 성싶은 겸손의 인사 표현이 있었습니다.

"어린 시절부터 영화인의 꿈을 키우며 당신을 흠모해 왔고, '가장 개인적인 것이 가장 창의적인 것이다.'라고 설파한 당신의 말을 최고의 가르침으로 새기며 오늘에 이르렀다. 더구나 거장들 앞에서 오늘 내가 이 상을 받을 수 있으리란 생각은 감히 하지도 않았다."

예술 창작세계에서 가장 핵심이 되는 가치, 즉 자기 고유의 색깔을 바탕으로 삼는 독창적 사고의 중요성을 지칭한 이 언급이 노장의 가슴을 흔든 것인지도 모르겠습니다.

'가장 한국적인 것이 가장 세계적이다.'

이런 정체성을 강조하는 말과도 닮은 의미라 여겨집니다. 어떤 분야에서든 고유성에 뿌리를 둔 독창적인 사고의 전개가 공감대와 연결될 경우 혁신과 발전의 원동력이 될 수 있으며 세상을 개척하는 지름길이 된다는 것을 알 수 있습니다.

대체로 누구나 스스로가 원하는 일을 하게 되면 신기하게도 그 일 때문에 파생될 수 있는 어떤 고행도 이겨낼 뿐 아니라 그에 상응하는 성공을 맛보는 희열이 남다를 수 있기에 일에서 오는 무게감을 즐기는 모습들을 보게 됩니다. 평소 나의 관심 분야가 어딘지, 무엇에 흥미를 느끼고 몰입하게 되는지, 어떤 분야에 소질을 보이는지 등 스스로를 냉정하게 관조할 필요가 있겠습니다. 관심사가 조석지변 형이고 소질조차 따르지 않는다면 내 것이 아니며 타성에 얹혀 하는 일은 발전을 기약할 수도 없고 행복의 조건도 될 수 없겠습니다.

봉준호 감독이 자기 색깔을 꾸준히 연마하며 고유의 가치관을 키워 오늘에 이른 것도 어릴 적부터 소질과 관심사가 일치해서 작용된, 오랜 시간을 통한 끈기와 몰입의 결과이며, 이것이 행복 생각으로 이끌어지지 않았다면 결코 성공으로 연결될 수도 없었을 것이라는 짐작을 하게 됩니다. 몸은 비록 고행의 길에 섰다 할지라도 스스로가 좋아서 택한 길이라면 마음으로 부푼 희망의 길이며 건강한 삶의 길이라 할 수 있는 법입니다.

나무기러기 뜻,
행복의 의미는 삶의 가치 추구에서
그 답을 얻을 수 있겠기 때문입니다.

AHN CHUNG UN

태어나면서부터 시청각의 혜택을 전혀 받지 못했던 헬렌 켈러가 사흘만 볼 수 있다면 그 중 하루는 사랑하는 선생님을 보는 것으로 하고 싶다던, 때로는 매우 엄하시면서 제자의 눈과 귀가 되어 평생을 피 끓는 희생으로 일관하셨던 셜리반 선생님의 경우처럼, 진실한 사랑은 모든 것을 녹이는 위대함이라 생각합니다.

어린 자녀의 생육 과정에서 엄마 아빠가 하나 된 마음가짐으로 늘 아기의 다정한 친구로 사랑과 정성을 쏟는다면 아마 그 자녀는 아름다운 꿈을 키우며 성장할 것이 틀림없습니다. 하지만 수수방관식 애정만으로는 자녀의 반듯한 미래를 보장받기가 어려울 수도 있겠습니다.

서양의 어떤 가정에서, 저녁 식후 어린 남매에게 단호한 어조로 그들의 식기는 스스로 챙겨 치우도록 지시하며, 곧바로 칭찬을 빠트리지 않는 어머니의 절도 있는 모습이 무척 인상적으로 느껴졌던 기억이 있습니다. 아무리 사소한 일이라도 의무와 책임을 다하도록 하며 스스로 해결하는 자립정신을 길러주는 방법의 하나로 여겨져 새길 바가 크다고 느껴졌고, 더구나 '칭찬은 고래도 춤추게 한다.'는 말처럼 칭찬은 누구에게나 커다란 용기와 꿈을 키우는 젖줄이 될 수 있을 것이라는 생각을 하게 되었습니다.

헬렌 켈러 역시, 평생을 가시밭길 일변도, 혈육의 정을 뛰어넘는 사랑으로 헌신하신 선생님이 계시지 않았다면 예의와 존경을 알며 사랑과 감사를 아는 마음의 눈을 뜰 수 있었을까 싶습니다. 도공이 빚는 도자기가 도공의 열정을 담은 내공만큼 가치를 발하듯, 요구되는 행복의 조건 역시 어떠한 역경도 지혜롭게 극복하며 쌓아가는 노력만큼 얻어지는 결과이겠습니다.

자녀를 거두며 자녀 앞에 모범을 보여
존경받는 부모로 산다는 것이 만만한 일은 아니지만
책임과 의무라는 과제에 직면할 수밖에 없는 것이
부모이지 않겠습니까?
씨앗은 뿌린 대로 거둔다는 것을 잊어서는 아니 되겠습니다.

언젠가 이스라엘 출신의 세계적인 바이올리니스트, 이차크 펄만의 이야기를 담은 〈행복한 바이올린〉이라는 제목의 기록영화를 관람한 적이 있었습니다. 이 연주가는 "가르침을 통해 배움을 얻는다."는 참으로 인상적인 말을 했습니다. 지난 교육현장에서 내 스스로가 실감했던 바였기에 크게 공감하지 않을 수 없었습니다. 자녀의 양육에 공을 들이는 부모도 자녀를 통해서 자녀와 함께 삶의 지혜를 쌓아가는 길에 서게 되는 것입니다. 행복은 슬기를 모아 투자한 만큼 얻어진다고 생각합니다.

어떻게 경험하고 어떻게 배워 가느냐가 삶의 질을 결정하는 요소가 되겠기 때문입니다.

나무기러기의 참 뜻은
향기 나는 인생으로 사는 것이라 생각해봅니다.

ㅇㅏㄴㅈㅓㅇㅇㅜㄴ AHN CHUNG UN

넷째 마당
삶을 보는 눈

하루의 가치를 삶에 오롯이 반영시키며
살고자하는 모습 이상의 아름다움은 없습니다.

피할 수 없는 운명처럼 밀려오는
삶의 상황을 긍정된 시선으로 극복하는 용기가 절실합니다.

하루의 시작에 감사하며
뚜벅뚜벅 한 걸음씩 내딛음에 보람이 실린다면
그것이 진정한 행복이겠습니다.

부부로 잘 살아보겠다고 다짐하는 반듯한 의욕과 착실한 노력은 인생의 앞길을 밝혀주는 등대와 같은 구실이 될 것입니다. 그러나 스스로의 삶을 진지하게 조명하며 감사할 줄은 모르고 능력의 한계를 망각한 과욕이나 요행 따위를 노리는 비뚤어진 의식으로는 어쩔 수 없는 비굴함에 빠지기 쉬워 삶의 족적을 흐리게 할 수도 있습니다.

사람은 누구나 부지불식간에 불행의 늪에 빠질 수 있습니다. 그러나 이 쓰라린 실패의 원인이 내 안에서 비롯되었음을 자각하고 새롭게 각오를 다져 정진한다면 반드시 멋진 회생의 기회를 맞이하게 될 것입니다. 기회는 누가 가져다주는 것이 아니고 아픈 경험으로 배운 지혜가 피땀으로 맺어 준 열매이기 때문입니다.

인생을 통해 좋은 계기는 누구나 몇 번씩 맞는다고 합니다만, 과연 어떤 경우가 진정한 기회가 될지는 아무도 모릅니다. 평소 매사에 성심을 다하며 신의를 쌓다 보면 대수롭지 않게 여겼던 사소한 일도 뜻밖의 행운으로 연결되는 경우가 왕왕 있습니다. '신뢰가 재산'이라는 말의 의미가 크게 다가옵니다.

사람이 태어나면서부터 부자인 경우는 극히 드뭅니다. 수확이란 대체로 성실과 끈기를 무기로 시행착오를 두려워하지 않고 감투해 이겨낸 고난과 역경의 결과이겠습니다.
그런데 재화가 행복의 절대 조건이라고 생각지는 않습니다.
행복은 스스로가 규정짓는 잣대의 성격과 크기가 결정합니다. 삶을 근근이 이어가는 사람도 그것으로 족하다고 여긴다면 그것이 곧 그 사람만의 행복의 기준이 되는 것입니다.

평생의 짝으로 만난 두 사람이
나무기러기 마음으로 하나 되어 살면서
처음부터 물질로만 채워진 안정보다는
굳은 행복다짐으로 뚜벅뚜벅 값진 땀의 결실을
만들어가는 살림이 훨씬 짜릿합니다.

ㅇㅏㄴㅊㅓㅇㅇㅓㄴ AHN CHUNG UN

'한 우물만 파라.'는 말의 의미를 익히 알면서도 마음에 새겨 다지기가 쉽지 않습니다. 두루 아는 것이 많고 잔재주가 많은 사람은 스스로의 얄팍한 풍월에 홀려 이것저것 건드리기만 하다가 좋은 세월 다 놓치고, 이도저도 아닌 모습을 하게 됩니다. 남의 떡이 더 커 보이게 마련이라 곁눈질도 하게 되며, 뭐든 건드리면 이뤄질 것 같은 허욕이 눈앞을 가리기 때문입니다. 어떤 '업'이든 어설프게 짚을 수 없는 이유입니다.

추구하는 지향점이 뚜렷하다 할지라도 다양하고도 풍부한 경험은 소양과 경지를 확보하는 데 중요한 밑거름이 된다는 것을 강조하고 싶습니다. 마치 세계 각국의 음식을 섭렵해보지 않고서는 세계의 음식을 논할 수 없는 것과 같은 이치라 하겠습니다. 분야를 막론하고 만만치 않은 쓴 경험과 연마를 통한 깊고 넓은 내공 없이는 결코 전문가로 인정받을 수 없는 셈이지요.

대중의 관심과는 거리가 먼 분야라 할지라도 주어진 여건이나 소질 내지는 취향에 연결되는 길이라면 신념을 갖고 뚝심 하나로 물고 늘어져 그 분야의 일인자가 된다면 그 사람은 이미 성공한 사람입니다.

삶을 두고 황망하게 서둘 필요는 없다고 생각합니다. 얕은 영리함보다는 노력을 게을리 하지 않는 우직함이 미래를 확실히 보장받는 길이라 생각합니다.

인간의 직업 종류가 급속히 요동치며 부침하고, 직장 수명 또한 맹렬하게 짧아져 가는 추세에 인공지능이 인간의 직업을 대신하는 영역도 끝을 모르게 넓혀 가고 있습니다. 그래서 미래의 직업은 통계적 선례나 기계적 숙련도에의 의존도가 높지 않은 지극히 아날로그적이며 인간적인 숨결이 요구되며 인공지능을 지휘할 수도 있는 분야라면 의외로 높은 생존율을 확보하리라는 느낌을 받습니다. 인간만이 뛰어난 창조력을 발휘하며, 인간만이 보다 인간적인 감수성을 동경하고 추구하는 속성이 있다고 여겨지기 때문입니다.

부부가 한결같이 끈질긴 성실성 하나로 열심히 노력해서
삶의 환경을 개척하고, 충실히 다져 가는 훌륭한 사례를 보게 됩니다.
혼자 힘보다는 둘이 하나 되어 피와 땀으로 일으킨
아름찬 결실이 더 아름답게 돋보이는 이유입니다.
그리고 이것이 나무기러기 본래의 뜻이라 생각합니다.

AHNCHUNGUN

지긋한 연령에 들면서 범사에 재미를 붙여 희망과 긍지로 사는 사람과, 허한 심기를 가누지 못해 마음이 허공에 떠도는 사람의 두 부류가 있는 것 같습니다.

삶에 생기를 불어넣을 줄 아는 사람은 보람된다 싶으면 무슨 일이든 찾아서 하는 인성을 갖추고 있으며, 그 보람을 좇아 성실하게 자신의 하루를 다지게 되니 만년 청춘으로 사는 사람입니다. 삶의 이치를 진정으로 깨치는 슬기로운 사람이라 할 수 있지요. 건강한 육신이니 감사가 따르고, 밝은 꿈으로 하는 일이니 재미가 붙어 좋으며, 성실이 바쁨을 이끄니 그것이 즐거움인 것입니다.

취미 삼아 하는 자그마한 일이라도 거기에 몰두하며 그 일로 희열이 넘치는 사람은 약간의 시행착오쯤은 긴장감을 즐기는 재미의 일환이어서 그 얼굴에는 언제나 생기가 가득합니다. 스스로에 감당이 되고 주변에 폐해가 안 되며 행복 모습으로만 비춰질 수 있는 일이라면 어떤 분야든 귀천을 따질 이유는 없습니다. 좋아서, 마음이 내켜서 하는 일이니 부끄러울 이유가 없는 것이지요. 남 보기엔 보잘것없다 여겨져도 내면 깊숙이 환희의 저류가 숨은 것이라면 만족스러운 일임에 틀림없습니다. 삶을 건강하게 지탱하는 필수 조건이니까요.

방황하는 가슴을 동여맬, 약간의 용기조차 없는 삶은 스스로를 허무는 메마른 인생입니다. 삶이 덧없다고 한숨만 짓는 속절없는 빈둥거림은 한마디로 딱한 인생이고요. 건강한 육신이면 무엇인들 못하겠습니까? 눈 돌려 사방을 살펴보면 나를 필요로 하는 곳이 의외로 많습니다. 삶이 따분하고 무료하다는 하소연은 하면서도 정작 생산적인 일을 찾아볼 노력은 하지 않는 나태한 패배자의 모습은 보이지 마세요. 더구나 고리타분하게 어른 대접만 받으려 들지도 마세요.

마음이 청춘이면 삶도 청춘입니다.

일이란 것이 굳이 수익을 좇을 이유도 없습니다. 일을 한다는 그 자체가 인생을 건전하게 이끄는 길이니까요.

놀랄만한 외국의 사례를 들은 적이 있습니다.

어느 대기업의 최고 경영자가 정년을 하며 그 회사의 경비직으로 재취업했다는 믿기지 않는 이야기입니다. 삶이 쪼들려 그랬을까요? 자존심을 젖힌 청청한 모습이 그려집니다.

살뜰히 계획을 세워 그 설계대로만 살아갈 수 있다면 행복마음 삶에 날개를 달았다고 하겠습니다만, 만사가 입맛대로 흘러가지 않는 것이 인생이지 않습니까? 순리를 따라야겠습니다. 틀어져도 그만, 좋으면 좋은 대로, 나쁘면 나쁜 대로 무덤덤하게 받아들여도 좋을 작은 행복이 아름다운 법이라 여겨집니다. 삶을 즐기는 알맞은 스트레스, 두뇌운동을 촉진하는 유스트레스는 삶을 윤택하게 이끄는 바탕이 됩니다. 생계에 직결되는 업이라면 효율성 탐구는 기본으로 고려해야 할 사항입니다만, 소박한 꿈과 합당한 목표 설정 또한 반드시 요구되겠습니다. 섣부른 과욕은 화를 부를 우려가 있으니까요.

무엇이 성공이며 어느 지점이 성공인지는 아무도 모릅니다. 그러나 부부가 서로 의지해 행복을 담보 받는 감사의 삶을 이어 왔다면 이것이 진정한 성공 삶 아니겠습니까? 성공 삶의 가장 이상적인 동업자는 바로 배우자이기 때문입니다.

나무기러기 뜻,
행복은 하루를 살아도 꿈을 일구며 사는
두 가슴에서 싹트고 네 개의 손에서 피어납니다.

이웃에 제법 규모 있는 주말농장을 운영하는 여 사장님이 계신데, 이 분은 사시사철 햇볕과 함께 하신 검붉은 피부의 건강한 여장부로 대단한 노력가이십니다.

시골 처녀로, 서울 변방 장남 농부의 아내가 되어 시어른 밑에서 영농기법을 익히며 시누이 시동생들 건사는 물론, 줄줄이 자식들 챙기며 억척같이 이어 온 인생이었습니다. 농가의 대표로 자리하게 되면서 본격적으로 팔을 걷어붙이고 주말농장 형태의 튼실한 영농기반을 쌓아 오늘에 이르렀습니다. 시부모님이 연로하시기에 경영을 물려받은 농장이지만 결코 그분들을 뒷짐 지고 편히 계시게 하지만은 않았습니다. 어르신들이 평생 생업이셨던 일에서 손을 떼는 순간 그분들이 삶의 보람을 잃으실 수 있겠다는 공경을 담은 우려와 깊은 배려의 마음에서 일부러라도 농장에 나오셔서 손수 돈 관리라든가 신체조건에 알맞은 일을 살펴 하시게 했고 농작기법까지도 착실히 지도 받는 자세를 지켜 오고 있습니다. 이렇게 어떤 일에나 소홀함이 없이 슬기롭고 야무지며 받듦을 아는 며느리는 이제 그 집안의 기둥이자 보물이 되었습니다.

"부모란 나무의 뿌리와 같습니다. 잎이나 가지는 말라 떨어져도 새 싹틈이 기대되지만 뿌리가 상하면 그 나무는 생명을 유지할 수 없어요. 사람의 가장 작은 삶의 공동체인 가정도 한 그루의 나무와 다름없습니다. 자식의 눈에 부모가 없고 어른이 없으면 올바른 가정도 올바른 삶의 형태도 기대하기 어렵습니다."

언제인가 사장님이 사뭇 진지한 표정으로 뿌리를 생각하는 마음을 말씀하셨습니다.

존경스러운 여 사장님의 또 다른 일화가 있습니다.

그분의 막내딸이 믿음직한 배필이 생겼는데 마침 딸의 나이 스물아홉, 그 아홉수가 켕겨서 혼례는 서른에 치르기로 양해를 구했다고 합니다. 다만 신랑 집에도 어르신이 계신데 그 분들이 미래의 손부를 미리 보고 싶다고 하시니 신부 측 어머니로서도 시어른을 모신 처지라 사돈댁 어르신의 간곡한 청을 들어 드림이 도리라 여겨 따님을 인사차 보내기로 하셨답니다.

방문시키기 일주 전에는 예단 삼아 어르신 쓰실 비단이불을 미리 마련해 전해드리고 따님은 시어머니 되실 분 따라 사돈댁으로 가게 하셨다고 합니다. 그 댁에서는 너무나 흡족해 하시고 귀여워하시면서 하직 인사 때는 아쉬움이 크셨던지 몇 번이나 다독거리시고는 용돈을 크게 얹은 선물 보따리까지 챙겨 주셨다고 하네요.

그런데 추석 연휴 지난 어느 날, 평소 강건하셨다던 사돈댁 시어른께서 갑자기 유명을 달리하셨다는 비보를 접하게 되었다고 합니다. 누구도 예상치 못한 갑작스런 일이었던 것입니다.

사돈댁 어른의 원을 일찍이 풀어드린 것이 얼마나 다행스러운 일입니까? 만약에 따님의 어머니가 어른을 섬기고 배려하는 마음이 엷어 인사를 소홀히 했다면 평생 후회할 일 아니었겠습니까?

오가는 정에 행복이 싹 튼다고 했습니다.
주변을 살피는 따뜻한 시선과 사려 깊은 배려로
지혜롭게 사는 사람은 반드시 보상을 받는다는 것이
나무기러기 뜻, 사랑의 당연한 귀결이라 생각합니다.
가벼운 이야기 같지만 새겨 볼 일입니다.

안충언 AHN CHUNG UN

이른 아침, 호젓한 잣나무 숲 산책로를, 수림 사이로 새어 나오는 햇살을 뒤로 받으시며 반백(斑白)의 남녀 두 분이 여유로운 모습으로 내려오고 계셨습니다. 손에 손을 잡으신 품이 오누이처럼 영락없이 닮으신 분위기여서 부부임을 가늠케 했습니다. 두 분은 어쩌면 평생을 사랑과 감사의 마음 하나로 행복 삶을 꾸리셨으리라 추측을 하게 되었습니다. 숲 속의 짙은 잣 향 때문일지 두 분에게서 향기가 느껴지기도 했고, 연륜이 맑게 배인 우아한 모습에 평화가 깃들어 보였기 때문입니다.

세상살이가 제 아무리 모질고 야박하달지라도 마음을 굳건히 다지며 끈기를 쌓아 가면 기회는 반드시 열리게 마련입니다. 행복이란 그 누구에게서도 받는 것이 아니고 스스로가 만들어 가는 절대조건이라 할 수 있기 때문입니다.

아등바등 살아도 그 삶에 긍정이 자리하는 꽃 같은 마음의 눈을 가진 사람에게는 세상도 등 돌리지 않을 것이며, 그 얼굴도 삶의 흔적을 곱게 새겨가게 될 것입니다. '지성이면 감천'이라고 하지 않습니까? 성실과 호혜의 균형 감각을 꾸준히 잇는 인생경영의 자세가 요구됩니다.

가끔은 거울에 얼굴을 비춰봐야 할 것 같습니다.
삶의 족적이 얼굴에 어떻게 그려지고 있는지 궁금하겠지요?
세월의 흔적을 곱게 담아가는 덜 후회스런 얼굴 만들기는
나무기러기 또 하나의 뜻이기도 할 테니까요.

AHN CHUNG UN

성탄절이 저만치 지나갔습니다.

착각을 품은 혼자만의 기억일까요. 옛날에는 크리스마스가 가까워지면 캐롤이 쏟아지는 거리마다 활기가 넘치고 대체로들 삶은 고달팠어도 정이 묻어나는 때 묻지 않은 동심을 만날 수 있었던 것 같습니다.

오늘날에는 산타 할아버지 이야기를 진짜로 믿는 어린이도 드문 것 같고, 주요 거리에 성탄 트리가 빛을 발해도 캐롤이 하나로 받쳐주지를 않아선지 소리 없는 영화를 보는 듯 그저 썰렁합니다. 그럼에도 불구하고 성탄절에는 한겨울의 추위를 잊을 훈훈함이 있습니다. 이때만큼은 새삼스레 마음이 열리고 외로운 이웃에 시선을 돌리는 기회가 되기 때문입니다. 비록 동심 속의 산타는 사라졌어도 산타 할아버지는 배려와 나눔의 상징이 되어 세계 곳곳이 앞 다투어 다양한 성탄 축하 행사를 벌이는, 이날만은 오직 믿음과 사랑과 평화만 가득한 것 같습니다.

미움과 증오, 대결과 복수, 기만과 이간, 편견과 불신, 투기와 질시, 거짓과 탐욕, 천박한 오만과 위선, 차별과 멸시 등 이 세상을 더럽히는 온갖 부끄러운 단어들이 말끔히 씻기고 나로 인해 또 다른 한 사람이 행복할 수 있는, 오직 그런 날만 가득하면 좋겠습니다.

조그만 행복도 나누는
아름다운 세상을 생각하는 마음은
나무기러기 마음과 하나입니다.

안충은 AHNCHUNGUN

홀아비가 되어 어린 자식 하나 거느리고 고달프게 사는 아버지가 있었습니다. 사방이 깜깜한 방에 갇힌 듯 뜻대로 되는 일이 없고 앞이 보이지 않는 삶이 한스러워 세상을 향한 사무친 원망으로 거의 매일 술타령이 그칠 날이 없었습니다.

"못살아도 좋으니 아버지 술 그만 드시고 힘내시어 마음 바로 잡고 교회도 나가시게~."

어느 날 어린 아들의 간절한 기도 소리를 무심결에 엿듣게 된 아버지는 자식을 향한 미안함과 부끄러움 등 형언할 수 없는 회한이 겹쳐 눈물이 펑펑, 한동안 터져 나오는 통곡을 멈출 수 없었다고 합니다. 그런 일이 있은 얼마 후 아버지는 아들과 손을 맞잡고 교회도 나가게 되고, 아들의 애절한 기도 때문이기도 했습니다만 심기일전 제 삼자의 시선으로 지난날을 곰곰이 돌이켜 보게 되었다고 합니다.

콧대만 높이는 고집불통에다 때로는 욱하며 폭발하는 성깔로 모처럼 잘 돌아가던 일조차도 매사가 앞뒤 안 보고 뒤엎는, 될 대로 되어라 식 기질 때문에 곤두박질쳤단 걸 깨닫기 시작한 것이지요.

삶의 모습이 공든 탑도 무너뜨리는 형세여서 어느 누구의 마음도 붙일 수 없는 신세인 셈이었는데도 반성의 염은 가져본 적도 없었으니 누가 마음 담아 끌어줄 엄두나 낼 수 있었을까 하는 생각이 고개를 들기 시작한 것이겠습니다.

남다른 재능이 있다 한들 무슨 소용이 있었겠습니까?

삶의 지향점도 없이 방황하기만 했던 지난날들이 무척이나 안타깝다는 생각마저 절절했던 것이지요.

대체로 내 눈 밑의 흠은 못 보고 남의 흠만 눈에 들어오는 법입니다.

어떤 계기로든 반성의 기회를 갖는다는 건 여간 어려운 일이 아닙니다만 자신을 재발견하게 되었다는 것은 큰 축복이라 생각합니다. 불미스런 과거를 청산해야 한다는 깨달음 자체가 바로 행운인 것이고, 더구나 악운을 행운으로 뒤집는 행복 삶의 첫 걸음이라 하지 않을 수 없기 때문입니다.

'제 버릇 개 주랴.' 하는 속담처럼 천성은 버려지지 않는 것이 원칙이라 봅니다만, 거친 성정을 이성으로 누르는 끈질긴 의지가 뒷받침되면 운명도 찬란한 아침햇살처럼 훤히 밝혀진다고 생각합니다. 그리고 신기하게도 좋은 쪽으로든, 나쁜 쪽으로든 바뀔 운명이 다가오면 용모부터 변해 가며 삶의 태도까지도 변하는 현상을 보게 됩니다. 운명에 눈이 가린 장님의 형국이면 삶도 어둠의 장막에 가려 헤어나지 못하게 되는 꼴인 셈이지요. 앞길을 가로막는 단점이 뭔지 스스로를 치밀하게 살피고 반성하며 그늘진 얼굴, 피지 못한 인생으로는 살지 않도록 다져가야 하지 않겠습니까?

아버지는 이제 시름에만 잠기게 되었던 지난 모든 부정적 사안들의 대부분이 바로 스스로에게서 비롯되었음도 깨닫게 되었고, 실타래 엉킴 같이 풀 수 없다고 여겨졌던 난제도 이성으로 풀어 나가는 혜안을 갖게 되었으니 훌훌 털고 일어나 본격적으로 새 출발을 하게 되었으리라 믿어집니다. 어쩌면 음주벽도 고치고 살아가는 모습도 착실히 다듬어 나가셨겠지요.

열 번을 넘어져도 분연히 일어나는 것이
나무기러기 뜻, 참다운 용기의 모습입니다.
쓸데없는 자존심의 너울을 벗고
지혜를 담아 밝게 고개 숙이는 용기도
값으로 매길 수 없는 참 용기이며 자존심입니다.
진정한 자존심이란
내가 질 줄 아는 마음가짐에 있는 것이며
지는 것이 곧 이기는 첫 번째 길이겠습니다.

예식장의 뷔페식당에 갈 때 가끔은 본의 아니게 눈살을 찌푸리게 되는 경우가 있습니다. 갖가지 음식을 접시에 수북이 담아 와서는 거의 먹지도 않고 또 다른 음식을 한 접시 가져다가 먹다가는 그것마저도 제대로 챙기지 않고 사라지는 모습 때문입니다.

음식을 대수롭지 않게 취급하는 단정치 못한 식음 태도가 여간 볼썽사나운 게 아닙니다. 의외로 맛없는 음식이라 그럴 수도 있겠고, 나름의 불가피한 사정에 쫓겨 그럴 수도 있겠습니다만 되도록 처음에 관심 가는 음식부터 조금씩만 가져다가 시식한 후 마음에 드는 쪽을 택하면 될 일입니다.

"내가 내 돈 내고 먹는데 무슨 상관이랴."

이렇게 생각하겠지만 결코 바람직한 모습은 아닌 것 같습니다. 하루하루 건강한 삶을 영위할 수 있음에 감사하며 내게 주어지는 음식을 향한 감사의 마음까지 진정으로 자리하게 된다면 한 톨의 밥알도 소홀히 할 수 없습니다. 감사를 모르는 마음은 내게 귀하게 오는 복을 팽개치는 행위와 다를 바 없습니다. 쓰레기로 버려지는 몹쓸 낭비도 살펴야 하지 않겠습니까?

그릇된 식음 정서는 인격과도 무관치 않은,
빈축을 살 일이라 여겨집니다.
너 나 할 것 없이 음식의 소중함을 알고 감사함으로 아끼는 마음,
나무기러기 뜻, 식음 예의는
바른 생활의 가장 첫 걸음에 해당할 것이기 때문입니다.

살아가면서 지켜야 할 도리나 예의 같은 것이
비단 식음문화에만 국한되겠습니까만
음식을 정갈하게 먹는 습관은
아주 어릴 적부터 길러줘야 할 일이라 생각합니다.
'세 살 버릇 여든 간다.'는 속담이 생각납니다.
물론 식사 시간만큼은 느긋한 즐김이 있으면 더욱 좋겠습니다.

AHN CHUNG UN
AHN CHUNG UN

오스트리아 한가운데쯤에 자리한 슐레흐바흐라는 아주 한적하고 자그마한 시골 마을에 한동안 머물렀던 적이 있습니다.

어느 날, 한 가정집에 점심초대를 받아 갔는데 커피타임에 각자 앞에 놓인 잔들이 한결같이 흠집과 함께 모양도 제 각각이었습니다. 살펴보니 상처 난 가장자리를 금이나 은으로 정교하게 세공 땜질을 하여 쓰임새 좋게 고친 꼴이 본래의 아름다운 디자인에 운치를 더하는 색다름을 느끼게 했습니다. 알고 보니 옛 어른의 숨결을 내림정신으로 소중하게 이어 받은 것이었고, 집안 곳곳의 소박한 기품을 담은 가구들까지도 내력을 간직하여 수수한 보통의 시골집이 아닌 고풍스런 매력으로 가득한 집이었습니다.

의도를 갖고 수집하거나 단순한 장식취미가 아닌, 시공간(時空間)을 초월한 진정한 빈티지 정신이 자연스럽게 생활 속에 녹아 있다는 점이 감동과 함께 집주인을 우러러 보게 했습니다.

낡거나 싫증난다고 해서, 체면의 문제라고 해서, 또 고쳐 쓰는 것을 궁상스럽다고 여겨 쉽사리 뚝딱 갈아치우거나 버리려 드는, 오늘날 우리네 생활 정서에 비추어 볼 때 여간 부러운 것이 아니었습니다.

유럽 사회에 오랜 세월 면면히 이어 온 빈티지 문화는 결코 새 물결을 외면하는 것은 아님을 도시경관 곳곳의 사례를 통해서도 확인하게 됩니다. 옛날과 오늘의 조화, 시대마다의 정신과 긍지를 내일에 잇는, 신념이 깊숙이 자리하는 정신문화는 기필코 본 받아야 할 삶의 진정한 가치라 생각합니다.

우리네 옛 생활문화에서도 간결한 실용과 검박(儉朴)을 바탕으로 한 격조 높은 내면성을 자랑으로 여긴 전통이 있었습니다.
선인(先人)의 지혜가 담긴 어제의 멋진 습속(習俗)을
나무기러기 뜻에 얹어 내일에 잇고 싶습니다.

AHNCHUNGUN

하루 한 끼가 어려운 빈한한 가정 태생으로 초등학교조차 제대로 다녀보지 못한 채 일찍이 남의 집 더부살이 신세가 됐던 어린 소년이 모진 세월을 딛고, 지금은 직원 백여 명을 거느린 용달회사 대표로 성공한 모습을 접하게 되었습니다.

모두가 하나같이 곤궁했던 시절, 눈칫밥이 쉽지도 않았겠지만 착한 성품과 타고난 바지런함으로 닥치는 대로 일에 매달려 주위의 신망을 한 몸으로 받으며 살았다고 들었습니다. 마흔을 넘기게 된 어느 날, 우연히 용달 일에 눈을 뜨게 되면서 중고 스쿠터를 대여 받아 잔심부름부터 시작했다고 하는데요, 평소 착실히 쌓아온 신뢰가 위력을 발휘하며 삶이 점차 펴지고, 늦게나마 같은 업종의 여성과 부부의 연을 맺게 되니 순풍에 돛 단 듯 일취월장, 의젓한 오늘에 이르게 되었다고 합니다.

이 분의 성공 요인을 짚어 보았습니다.

첫째, 타고난 체력과 근면 성실성으로 힘쓸 일이라면 무엇이든 가리지 않고 쳐내는 성미였다는 것입니다.

둘째, 솔직 담백한 성품에 스스로를 낮춘 밝은 처신으로 누구에게나 상처가 되는 언행은 비친 적도 없었고 등 돌리지 않는 인정과 우직함 탓에 손해를 입은 적은 있어도 운명이라 여기며 보듬어 왔다는 것입니다.

셋째, 신뢰를 금으로 알고 살았기 때문에 주변의 모두가 그분 편이 될 수밖에 없었겠고 신용이 곧 최고의 재산이 되었던 셈입니다.

넷째, 쥐구멍에도 볕 들 날 있다는 희망 하나로 반듯하게 이어온 긍정의 삶이 결실을 맺었다고 하겠습니다. 원망이 가득한 비뚤어진 사고로 일관하는 사람은 그 삶도 온전히 펴지 못할 것이라 생각해봅니다.

다섯째, 주변을 가족처럼 여기며 피드백에 소홀함이 없을 뿐 아니라 고객의 딱한 사정은 외면하지 않는 성미고, 지금껏 매일 한두 번은 본인이 직접 나서서 용달차를 몰아 도와주면서도 생색 한 번 내지 않았다고 합니다. 생색이란 묘하게도 받는 사람의 마음을 불편하게 할 수 있습니다.

이 분의 헌신적 주변사랑 모습과 타고난 붙임성은 한 번 고객도 단번에 단골로 연결시키는 흡인력으로 작용했고 이로 인한 월등한 수주 경쟁력 때문에 안정된 수익이 보장되니, 너나없이 이 회사의 구성원이 되기를 원했다고 합니다.

성실과 신뢰가 일관되게 이어지면 누구에게나 기회라는 것이 운명처럼 오게 마련입니다. 가만히 앉은 채로 요행을 바라는 것은 그물도 치지 않고 고기가 걸리기를 바라는 것과 같은 이치겠습니다.

'벼는 익을수록 고개를 숙인다.'는 격언도 귀담을 가치가 있습니다. 조금 잘 풀린다고 해서 거만을 떨고 우쭐댄다면 자칫 놓칠 수 있는 것이 기회라 생각합니다. 고개 숙임이 한결같아야 할 것입니다.

이 분은 강인한 뚝심 하나로 일어나서 예순을 보는 오늘에 이른 만큼 무리한 욕심도, 가식도 없는 소탈한 낙천성을 바탕으로 행복 마인드를 키워 온 덕이겠습니다. 더구나 이토록 착실한 삶의 형태를 지킨다는 것이 여간 어려운 일이 아님에도 살아야 한다는 기나긴 인고의 시간이 이렇게도 이 분을 스스로 빈틈없이 다스리게 하는 배경으로 작용했을지

모를 일입니다.

나무기러기 뜻,
슬기로 노력하면 뒤집을 수도 있는 것이 운명이고,
과욕을 멀리하며 분수를 지키는 착실한 삶의 형태는
달콤한 인생의 보상 조건이 되는 길이겠습니다.
굴곡의 세월을 이기고 굳건히 일어선 사람일수록
인생항로의 지표 안에서
삶을 견실하게 다져가는 모습을 보게 됩니다.
진정으로 행복한 삶을 가꾸어 가기를 바라는 간절한 마음에서입니다.

햇살이 반가운 어느 이른 봄날, 맛집에서 점심을 먹고 근처에 깊은 맛을 자랑한다는 허름한 뒷골목 커피 집을 찾았습니다. 풍기는 분위기는 제법 그럴싸했습니다만 낡은 합판의 4인용 테이블 2조와 의자들이 간신히 어깨를 맞대고 있는 정도의 볼품없는 아주 조그만 가게였습니다.

마침 점심 시간대라 그런지 회사원 차림의 젊은 손님들이 대부분, 꽤 많은 사람들이 좁은 골목 가득히 서성이며 차례를 기다리고 있었습니다. 나도 가까스로 테이크아웃 아메리카노를 주문한 후 한참을 기다려서야 맛을 보게 되었습니다.

약간의 커피 지식조차도 갖추지 못한 풋내기 마니아 수준이라 그런 대로 에스프레소는 즐기는 편인데 이 집은 어떨까 하고 짐짓 아메리카노를 주문했었습니다. 딱히 어떤 종류의 커피 맛인지는 알 수 없으나 그런 대로 만족이었습니다.

더구나 깊은 향미를 느낄 수 있어 고맙다는 생각마저 들 정도였습니다. 유명 체인 전문점이란 데서 접하는 아메리카노는 솔직히 밍밍하기만 하고 이 맛도 저 맛도 느낄 수 없었기 때문입니다.

'장사는 아무나 하나. 우선 열정과 전문성이 있어야겠고, 그 다음 고객의 보편적 취향을 읽어내지 못하면 승부가 안 되겠지. 더구나 이윤추구에만 급급하지 않는, 고객을 향한 따뜻한 사랑의 마음과 긍지를 담은 살뜰함이 없다면 어떻게 좋은 기회를 맞을 수 있을까? 기회란 준비된 자에게 찾아오는 법. 막연히 요행만 바란다면 그건 큰 오산이겠지.'

혼자서 걸어가며 입 속에 중얼중얼 생각을 굴려 보았습니다.

이 가게는 요즘 일상화된 형태의 카페 모습도 아닌, 문자 그대로 커피 전문점이었습니다. 모양새나 점포의 규모로 봐서도 도저히 그렇게 펼칠 형편이 못 됩니다. 덥지 않은 날씨임에도 이마에 땀이 송골 맺히도록 몇 사람의 젊은이가 바쁘게 움직이는 모습이 참 아름다워 보였습니다. 역시 승부의 제일 조건은 맛인 것 같습니다. 초라한 모습의 가게일지라도 정갈함만 보여 준다면 흉 될게 뭐 있으랴 싶습니다. 커피의 깊은 향취가 배어서일까, 가게는 나름의 운치가 있어 보였습니다.

최근 이따금씩 즐겨보는 TV 프로그램이 있습니다.

초보식당에 올바른 조리법을 꼼꼼히 챙겨 바로 잡아주는 과정을 흥미진진하게 그린 예능 프로그램입니다. 시종일관 진지한 자세로 풍부한 지식과 경륜을 되살려 세심하게 이끌어주는 전문가의 열띤 모습이 감동스럽기도 하거니와 음식 예술을 보는 재미 또한 쏠쏠합니다. 그러나 가끔은 가르침의 뜻을 겸허히 수용하지 못하는 고집불통 초보의 모습을 보며 아쉬움을 안을 때도 있습니다. 어떤 경우에나 철저한 고객지향 정신으로 고객의 니즈와 취향을 받쳐 줄 수 있는 조건이라면 성업을 기대할 여건이 갖추어졌다 할 수 있겠습니다.

나무기러기 행복한 삶의 자세란
무엇보다 먼저 내 안에 도사린 약점을
바로 볼 줄 아는 성찰의 모습에서
출발하는 것이리라 생각해봅니다.

AHNCHUNGUN

제2차 세계대전 최고의 전범인 아돌프 히틀러는 희대의 정치 선동꾼, 파울 요제프 괴벨스와 손잡고 온갖 모사로 세상을 흔드는 전쟁을 일으켜 세계를 통째로 삼키려 했던 야심 덩어리 인물이 아니었습니까. 그러나 그에게서도 크게 배울 점이 있다는 엉뚱한 생각을 해보게 됩니다.

그는 평소 상대방의 심기를 건드리지 않으면서도 자신의 존재감을 확실히 각인시키는 계산된 겸손을 보였다는데, 바로 이 타고난 사교성이 그를 최후의 순간까지 이끈 길잡이 구실을 하지 않았나 싶습니다.

성공 길을 가노라면 주변에 시기와 질투로 헐뜯는 부류가 생기게 마련인데, 그는 발군의 친화력으로 이들을 보듬는 비범한 처세 감각을 발휘했던 것으로 읽혀집니다. 그의 강점이 만인(萬人)의 밝은 미래를 위해 작용한 것이었다면 아마도 그는 세계 속에 불멸의 영웅으로 우뚝 섰을지도 모를 일입니다.

미래를 기름지게 할 꿈을 키우는 사람에게라면 겸손은 결코 소홀히 해서는 안 될 삶의 최고의 가치여야 할 것입니다. 주장을 꺾는다는 것이 자존심에 손상을 입는다고 보는 의식의 반작용인지는 모르겠으나 무조건 이겨야만 직성이 풀리는 외골수 마음보는 자신의 삶을 요동치게 하는 큰 어리석음이라는 것을 명심해야겠습니다.

인간관계에 있어, 때로 상대방의 지혜를 끌어들일 여지를 위해서는 약간의 빈틈을 열어 둘 필요도 있는 법입니다. 이것이 여유로운 삶의 운영 요령이라 생각합니다. 내면으로는 꽉 찬 완벽을 기한다 할지라도 겉으로는 결코 강하다는 인상을 남기지 않도록 해야 할 것입니다. 강직 편중 이미지는 근접소통을 허용하지 않기 때문입니다.

타고난 품성은 고칠 수 없다 할지라도 삶의 깨달음을 통해서 마음에 평화가 안착할 수 있다면 부드럽고 온화한 기품을 키워 갈 수 있지 않을까 생각합니다. 외유내강의 의미를 새겨야 할 일입니다.

합리적 시각으로 융통성을 발휘할 줄 아는 사람은 어떠한 경우에도 소통의 균형타를 어느 한 쪽으로 치우치게 하지는 않을 것입니다. 그의 가슴에는 따스한 너그러움과 차가운 이지(理智)가 하나로 맞물려 자리하고 있을 것이기 때문입니다. 스스로를 살피는 인내와 차분히 다가가는 설득자세는 상대방을 내 편이 되게 하는 최고의 방편이 될 수 있다고 생각합니다.

부부 사이에서도 인간미라고는 찾아볼 수 없이
잘난 내가 먼저인 불통 형태는
두 사람 사이를 틈 가르는 빌미가 될뿐더러,
약간의 불협화음조차도 뇌관을 건드린 폭탄처럼
돌이킬 수 없는 사태로 발전시킬 수 있습니다.
이런 모습은 나무기러기 본래의 뜻,
고개 숙임의 행복과는 아주 먼 형태라 생각됩니다.

AHN CHUNG UN

오랜 단골인 동네 의원에 갔을 때 일입니다.

감기 시작이다 싶을 때 포도당 수액 혈관주사 한 방이면 초기에 잡을 수 있어서 예전부터 다닌 곳입니다.

주사는 간호사의 오후 한 시 점심시간을 반드시 맞추어야 한다고 해서 30분도 채 안 되게 속성으로 끝내고 서둘러 병원 문을 나서게 되었는데 문을 여는 순간 기다렸다는 듯 '탁' 하는 소리와 함께 소등(消燈)이 되었습니다.

시각은 과연 정각 오후 한 시, 점심시간이 임박해서는 병원을 찾을 일이 아니었던 것입니다. 미리 양해를 구했던 의사 선생님 말씀에 의하면 요즘은 직업의식이 옛날과 같지 않아서 조금이라도 더 편하고 급여가 좋은 직장을 구하려 하고 더구나 주어진 역할과 근무시간은 엄격히 챙기는 추세라 탓할 수는 없다는 것입니다.

이 병원이 근간에는 간호사 선생님이 자주 바뀌었는데 이 또한 나름의 이유가 있는 듯합니다.

항간의 이야기를 전적으로 믿을 수는 없으나 실업급여 수급요건이 된다 싶으면 구실을 달아 퇴직해서는 6개월 정도 보상금 챙기며 자기만의 시간을 즐기기도 하고, 더 기막힌 경우는 직장보험금 수급에 지장이 없는 범위 내에서의 단기 아르바이트로 잔재미를 보다가 재취업하는 이른바 떠돌이 취업형태를 취하기도 한다는 것입니다.

동네 단골 주유소 사정도 비슷했습니다.

극히 소수의 예이긴 합니다만 어떤 젊은이들은 즐기기 위한 자금마련 형태로 약간의 기간 용돈 벌이에 나선다고 하네요. 불을 찾아서 불

주위를 어지럽게 맴돌다 뛰어드는 부나비를 연상하게 합니다. 앞날을 내다보지 않는 찰나주의 모습이 아닌지, 꿈이 없는 자에게는 미래가 없다는데 잠시 잠깐의 재미에 취해 쉽게 살려다가 스스로의 미래를 잃게 되는 것은 아닌가 하는, 알 수 없는 상념이 줄달음질칩니다.

앞의 예에서처럼 인력수급 불균형으로 시달림을 받는 업종이 있는가 하면 평생직장 개념도 사라져가는 한편, 급속한 산업구조 개편 등 복합적으로 작용하는 다양한 사회요인 때문에 젊은이의 취업절벽 현상도 심화하는 느낌입니다.

공기업이나 행정기관 지망생은 넘쳐나고, 절대 다수가 직장 선택은 고사하고 취업 자체가 어려워 적성을 고려할 겨를도 없이 닥치는 대로 스펙 쌓기에만 여념이 없는 안타까운 모습들을 보게 됩니다.

젊음은 영원하지도 않고 지나간 젊음이 다시 오지도 않습니다. 젊음의 특권을 누릴 여유도 중요한 한편, 아름다운 내일을 위한 알뜰한 노력의 투자 또한 절실히 요구됩니다. 미래설계의 꿈을 품은 의기에 찬 노력은 마치 건축의 기초 다지기와 같아서 언젠가는 삶을 든든히 받치는 자원 구실을 하기 때문입니다. 안일에 타협하기보다는 냉철한 시각에서 적성에 맞는 자신만의 길을 개척하려는 의지가 먼저여야 하지 않을까 생각합니다.

그럼에도 불구하고 오늘의 급변하는 사회현상 속에서 이상과 현실의 괴리로 너무나 많은 젊음들이 갈피를 잡지 못하고 안타까운 방황을 하고 있습니다. 더구나 당장의 생계 문제 때문에도 앞뒤 가릴 여유 없이

취업전선에 내몰리고 있는 형편입니다.

젊음의 특권이랄 수 있는 창조적 고뇌와 투지가 연결되지 않는
삶의 형태는 분명 나무기러기 이념이 추구하는
인생의 본질은 아닌 것 같습니다.
삶을 가다듬으며 살아간다고 해도 그 길에는 예기치 못한 함정이
도처에 도사리고 있는 법입니다.
삶을 보는 겸허한 자세와 굳건한 의지로
난관을 극복하며
다시 오지 않을 젊음을 불살라,
스스로는 물론 객관적으로도 만족되고, 인정받는
가치 있는 삶을 쌓아 가야겠습니다.

우리 사회가 처한 작금의 현상이 마치 곡마단의 곡예를 보듯 아슬아슬하기 짝이 없습니다. 주장들이 첨예하게 이쪽저쪽으로 나뉘어 크고 작은 대립과 갈등이 끝 간 데 없이 이어지며 평행선을 달리고 있기 때문입니다.

게다가 좀스러운 비판문화가 사람을 우울하게 만듭니다.

서로 간에 생각이 다르면 자신의 논거를 확실히 펼치기 이전에 상대에 대한 악감정이 먼저 작용해버리는 모습들을 심심찮게 보게 되는 탓입니다. 이러다 보니 서로의 견해와 입장을 이해하고 다가가고자 하는 논리적 접근 형태는 찾기 어려울 수밖에 없습니다. 그렇기 때문에 상대를 적으로 간주하는 것 같은 사생결단식 인신공격에 치우치게 되어 화풀이 막말이나 비아냥거림이 난무하는 민망한 모습들입니다.

진정한 민의 중심 사회라면 당연히 요구되는 바가 자유로운 비판정신이겠습니다만, 표현의 자유를 들먹이면서 공익에 부합된다고 볼 수 없는 추악한 행태를 고집스럽게 노정하는 부류도 보입니다.

상대를 향한 상생의 의지를 보여주기는커녕 오로지 허점 들추기에만 혈안이 되어서 간악한 술수를 앞세워 흔들어대는 모습은 가히 목불인견입니다.

심지어는 수단 방법 안 가리고 거짓 정보를 뿌려대며 시종일관 숨 쉴 틈도 주지 않고 몰아붙이는, 막무가내 공박 모습도 예사로 봅니다.

최근에 들어서는 새로운 반목 형태가 파생한다고 할까요. 세대 간의 의식구조나 정서의 차이, 페미니즘의 역작용 내지는 소름 끼치도록 철저히 계산된 갑질 끌어내기 등등 사악한 의도가 깔린, 조직화한 세몰이 공격형태도 접하게 됩니다. 이런 모습은 그 어떠한 경우라도 온당치 못한 처사입니다. 내가 저지르는 것은 옳거나 상례적인 것이고, 남의 잘못은 침소봉대하며 눈 감을 수 없다는 고집스러운 행태 등 과연 진실이란 무엇이며 정의란 또 무엇인지 알 수 없는 혼란스러움에 위기가 따로 없다 싶습니다.

자유와 방종은 엄연히 구분되어야 한다고 생각합니다.

도를 넘는 방종이나 부화뇌동은 사회질서를 무너뜨리는 일탈이기 때문입니다. 품위와 조리를 갖춘 냉철한 비판은 그 무게가 추상같음을 누구나 알 수 있겠습니다. 명징하며 명철한 논리를 근거하는 비판과 건설적 대안을 제시하며, 또 긍정의 자세로 받아들이는 신사숙녀다운 모습을 볼 수 있다면 이 사회가 얼마나 아름다워질까 생각해봅니다. 성숙한 비판문화와 견실한 제안문화가 정착되는, 정의가 바로 서는 사회는 밝은 공정사회로의 지름길이라 할 수 있겠기 때문입니다.

논쟁의 방향이나 내용도 중요하지만 착실한 비판 풍토의 정착이 먼저란 생각도 해봅니다. 배려와 사랑의 마음이 지배하는 건강사회가 간절하기 때문입니다.

불의 앞에는 단호히 맞서되 사안에 따라서는 일정기간 따뜻한 시선으로 지켜봐 주는 시민정신도 요구된다고 생각합니다.

시행착오를 극복하면서 미래 사회를 밝게 이끌 훌륭한 결실로 연결된 사례도 보았으니까요.

물론 철저한 검증과정 없는, 세론(世論)을 무시한 독선적 강행군은 때로는 큰 화와 연결될 수 있음도 유념해야 할 일이겠습니다.

옳고, 그름의 판별 기회는 훗날 반드시 주어진다는 사실을 역사를 통해 확신합니다.

예부터 우리는 위기마다 기회로 연결하는 뛰어난 슬기를 모아 왔습니다. 아시아 최초의 노벨문학상 수상자, 인도의 시성(詩聖) 라빈드라나트 다고르의 한국을 격려한 헌시(獻詩)처럼 우리 모두가 손에 손을 잡고 하나 된 모습으로 일어나 '동방의 등불'이 되어 찬란한 빛으로 세계를 이끌, 세계의 중심, 기회의 나라로 우뚝 설 날이 멀지 않다 생각합니다.

기러기의 공동체적 삶에 자연스레 녹아 있는
상생의 원칙이 나무기러기 뜻으로
오롯이 살아 숨 쉬는 그날을 고대합니다.

"은행원으로 살려면 세 가지를 지켜라. 첫째, 봉급만 돈으로 여기고 취급하는 돈은 종이로 생각하라. 둘째, 누가 점심이라도 한 끼 대접하는 것은 미끼가 될 수 있다. 네가 사라. 셋째, 직장생활도 건강해야 충실할 수 있다. 먹는 데는 아끼지 마라."

평소 존경하는 지인이 생애 최초의 직장으로 은행을 택했을 때 선친께서 내리신 엄명이었다고 합니다. 금융인으로서의 삶이 하늘의 뜻이라 여기며 은퇴할 때까지 감사하는 마음을 이어 평생 금언(金言)으로 이를 지켜 살아 왔다고 하시네요.

이분은 또한 전문 산악인으로서 몇 차례의 원정등반 기록도 갖고 계신 분인데 이 연(緣) 때문이었던지 우연히도 '산불감시원' 직(職)을 맡게 되었다고 하십니다. "안녕하십니까! 저는 산불감시원입니다. 산불 조심하시고 즐거운 산행 되십시오. 감사합니다." 출근하는 날이면 아침 일찍 등산로를 지키며 밝은 인사로 그날 하루를 열어갔다고 하시고요.

"얘들아! 할아버지 뭐 하는 사람 같으니? 아는 사람은 맛있는 것 준다."

"네, 네! 산불 감시요."

"옳다구나! 아빠가 담배 피는 사람?"

"저요, 저요!"

"그래! 담배는 해롭다지? 담배 끊으시라 할 거지?"

엄마는 빙긋, 아빠는 멋쩍은 표정 가득~, 등산 가족들과 있었던 이야기 중 한 토막이라 하십니다.

한 직장에서 충직을 다하시고 높은 위치에서 정년을 맞으신 분이 뭐가 아쉬워 산불감시원이 되셨겠습니까. 워낙 소탈하신 데다 산사랑 마음이 컸기 때문이신 것 같습니다. 약간의 급료는 주로 동료 감시원의 간식 마련과 틈틈이 등산객 계도 비용 등으로 썼다고 하시네요. 하찮게 여겨지는 일도 투철한 직업정신으로 임하는 자세가 건강사회를 키워가는 모습이라고 하셨습니다. 꾀병 한 번 부린 적 없고 임무 구역의 순행(巡行)에 소홀한 적도 없다 하십니다. 동료들에게는 직업정신 고취를 위해 그분 나름의 정성을 쏟으신 모습이었습니다.

'세상을 바르게 따뜻하게 보라.'는 가르침 속에 성장한 배경 탓인지 남의 어려움을 외면하지 않는다는 마음가짐이 학창시절, 엉뚱한 실수로 연결된 적도 있었다고 하십니다.

무거운 보따리 세 개를 놓고 힘겨워 하시는 할머니를 모른 척 지나칠 수 없어 두 개를 덜렁 들고 할머니의 외침은 귓전으로 흘린 채 냉큼 언덕 위에 갖다 놓고서는 나머지 한 개 생각으로 숨 가쁘게 뛰어 내려왔더니 미소로 한 숨 담으신 할머니 말씀.

"얘야! 이를 어쩌나? 이 할미가 간신히 끌어서 내려놓은 짐을~."

아름다운 마음은 세상 모두에게 행복이 됩니다.
조그만 나눔도 행복을 크게 열어가는 길임을 일러주는 것이
나무기러기 바른 뜻이겠습니다.

AHN CHUNG UN

박애정신의 표본, 마더 테레사 수녀께서는 생전에 "섬길 줄 아는 사람만이 다스릴 자격이 있다."라고 어느 연설에서 말씀하셨다고 하네요. 오늘날 공동체 삶에 긴요하게 요구되는 가장 핵심적인 삶의 가치인 섬김의 리더십(Servant Leadership)을 언급하신 것 같습니다.

다스린다는 것은 통솔한다는 뜻이고 통솔한다는 것은 마음을 산다는 의미가 되겠습니다. 갑 질 같은 힘의 논리가 아닌 받듦의 논리지요. 예수가 무릎을 꿇고 제자들의 발을 씻어 주며 스스로를 낮춘 뜻은 배려하며 섬긴다는 의미였고, 십자가에 못 박힘은 희생의 리더십을 보인 것이라 생각합니다.

'지위가 높을수록 겸손하면 자리가 위태롭지 않다.'라든가 '벼는 익을수록 고개를 숙인다.'는 말처럼 다스림의 위치에 있을 때 결코 잘난 척하지 않고 받듦의 귀를 열고 진지한 자세로 상대방의 마음을 얻을 줄 아는 사람이 성공하는 리더라고 합니다.

인간은 누구나 엄혹한 삶의 환경을 극복하는 잠재력이 있다고 하는데요, 그에게 사람을 거느리고 권력을 누릴 기회가 주어졌을 때 리더로서의 자질과 인품을 본성처럼 갖춘 사람은 그다지 많지 않다고 합니다.

아랫사람을 대함에 있어 함부로 "넌 이것도 못 하냐?"라든가, "그것도 모르냐?"라고 하지 마세요. 사람마다 재주가 다르거나 문제 처리법에 대한 숙지가 미처 안 되었을 수도 있는 법이니까요. 한마디 애꿎은 힐난은 상대방의 자존심을 여지없이 짓밟는 꼴이 되어서 강한 거부감으로 자포자기를 하거나 돌아서게 만들어버릴 수도 있습니다.

진실로 능력을 공유하고 싶다면 안다고 우쭐대며 호기를 부릴 일이 아니라 차분한 인내심으로 상냥함을 더하여 꼼꼼히 가르쳐 주면 될 일입니다. 아마 무척 고맙게 여길 것입니다. 어떤 경우든 몰아붙이고 다그칠 일은 아닌 것 같습니다.

특히나 사람을 대함에 자애가 없다면 스스로를 용서하는 일마저 인색한 거나 다를 바 없습니다. 충고란 것도 자칫 고깝게 작용할 수도 있는 법이라, 당연히 윗사람 노릇이란 게 쉽지가 않은 거지요.

반대로 아랫사람에게도 윗사람을 승복하게 하는 리더십이 당연히 요구될 수 있다고 생각합니다. 새색시 적부터 시어머니를 깍듯이 공경하며 며느리를 향한 믿음과 사랑이 두터워지게 이끈, 지혜로운 젊은 안주인을 보았습니다.

신혼 초에는 오해가 사이할 수도 있었겠으나 어른의 말씀이라 해도 곰곰이 따져 그 내용이 사리에 맞지 않다고 판단되면 결코 예의에 벗어난 모습은 보이지 않으면서도 당당히 반론을 제기했다고 하고요. 때로는 날카로운 예지로 어른을 공기 놀리듯 응석부리 애교를 섞은 거리낌 없는 주장으로 기어이 수긍하시게 만들었다고도 합니다.

그 의견에 논지가 흐리고 빈틈이 많았다면 결코 어른의 마음을 휘어잡거나 설득할 수 없었을 테지요. 아무래도 소극적으로 눈치 보며 속만 끓이는 그런 보통의 아낙은 아닌 것입니다.

외향적이며 낙천적인 성정에 호방한 기질의 소유자였던 것입니다. 상냥한 모습의 명쾌한 설득력으로 감복을 얻어내니 거기에 감정의 벽이 생길 틈이 없는 것이고, 시어머니는 똑 부러지는 며느리에 끌려 다니면서도 속이 상하기는커녕 그 대견스러운 매력에 흠뻑 빠질 도리밖에 없었습니다. 어른의 아집 같은 것을 기어이 누르고야 마는 당찬 재치와, 공감대를 끌어내는 슬기가 가히 일품이었던 게지요. 더구나 집안의 뼈대를 끔찍이도 챙기는, 흔히 말하는 맏며느릿감이었던 것입니다.

가령, 고부간에 생길 수 있는 갈등과 반목이 있다 할지라도 시어머니나 며느리 어느 쪽이든 누가 먼저랄 거 없이 냉정한 시각으로 해결하고자 애쓰는 현명한 리더십이 요구된다고 하겠습니다. 옹졸하게 멍든 마음으로 미움과 원망의 마음을 털지 못한 채 평생을 간다면 이 아픔을 어찌 감내할 수 있을까요? 고부간에 끝을 알 수 없는 냉기류만 흘러, 언젠가는 크게 후회할 일이라 생각됩니다.

더구나 어른이 먼저 고개 숙이는 모습을 보이는 것이라면, 아랫사람으로서의 며느리는 오해를 해소할 절호의 기회가 되는 셈이겠습니다. 그러나 끝내 거부하는 닫힌 마음으로, 탓으로만 돌리며 존경과 사랑, 희생의 의지를 보일 개전의 여지가 없다면 사랑을 받는다는 것도 쉽지 않은, 그야말로 불쌍한 모습이라 하겠습니다. 서로가 편해질 수 있는 길을 찾아 생각을 나누며 이해로 푸는, 배려와 양보의 미덕을 보이면 거기에 복이 따르는 법입니다.

가족 간에 아랫사람으로서 윗사람을 섬김으로 이끎은
그 보상으로써 당연히 총애를 받아 마땅한 일일 것이며,
이 또한 나무기러기 이념의 하나라 생각합니다.

또 다른 이야기입니다.

기업의 안정적인 경영환경을 위해서도, 최고 경영자로서의 신망과 지위를 굳건히 하기 위해서도, 그 기업의 리더인 대표자는 솔선해서 경영원칙을 확고히 지켜야 한답니다. 리더가 먼저 원칙을 깨트리면 그 원칙은 둑이 터지듯 허물어질 수밖에 없고, 경영 질서가 문란해지면 기업환경마저 위태롭게 할 수 있기 때문이랍니다.

언젠가, 우리나라 유명 프라이빗 골프 클럽의 회장님이 경영 대원칙 고수를 위해서 스스로를 희생할 수밖에 없으셨다고 토로하신 말씀을 솔깃하게 견문한 적이 있습니다. 당신 소유의 골프장임에도 불구하고 개설 이래 단 한 번도 그 코스를 라운딩해본 적이 없으시며, 앞으로도 그 원칙만은 반드시 지킬 것이라 하셨습니다. 그러다 보니 스스로는 비용을 들여서라도 남의 골프장을 이용하신다고 하셨지요.

권력기관의 무분별한 이용 청탁을 막는 방법은 그 길밖에 없었다는 이유였습니다. 회장님께 직접 요청이 닿는 경우도 있었는데, 매번 정중하게 "네, 기다려 보시지요. 노력하고 있습니다."라고 답하시고는 그것으로 그만이었다 하셨는데, 몇 번 독촉이 이어지다가는 결국은 포기하더라 하셨습니다.

'소유주인 나도 불가능한데 누군들 쉬울쏜가?' 하는 상황 해석이 깔려 있다 보니, 두 번 다시 곤란한 요청은 없었다는 것입니다. 결론적으로 권력에 불경(?)을 저지른 꼴이지만 괘씸죄로 불이익을 당한 경험도 없었고, 단념할 수밖에 없게 만드는 질서를 구축한 셈이라 하셨습니다.

더구나 평생을 두고 어떤 거래관계에서든 거절의 표현을 한 번도 하신 적이 없다고 하는데요. "아니요."라는 의사 표현은 절대로 하지 않을 것을 생을 지탱하는 좌우명으로 삼으셨는데, 자칫 앙심을 품을 빌미가 될지도 모른다는 염려 때문이라 하셨습니다. 실제로 어떤 대형 요식업체를 운영하는 대표자가 자기 소유의 식당을 이용하게 될 때에는 어김없이 철저하게 값을 치르는 모습을 보이기도 했습니다. 이 역시 같은 사유의 몸짓이라 해석되었고, 원칙을 모르면 리더라고 할 수 없다는 결론에 도달합니다.

삶에서 한 순간 위기를 맞게 될지라도 평소 주변에 희생적인 사랑과 믿음의 공덕을 쌓은 사람에게는 반드시 회생의 기회가 주어짐을 봅니다. '나는 과연 존경을 받을 가치의 씨앗을 뿌리며 살아왔던가?' 생각하면 스스로도 참 가소롭기 짝이 없는 세월을 삼켰다는 가책을 받을 수밖에 없게 됩니다. 아쉽고 부끄러운 일이지요. 인생사를 통해 누구에게나 쓰라린 실패의 경험은 있을 수 있습니다. 그러나 감사와 사랑과 믿음 가득한, 존경의 씨앗을 뿌린 사람은 반드시 행복의 반석에 앉을 수 있다고 생각합니다.

섬김을 바친 사람은 섬김을 받는다는 이치겠습니다.
지위가 오를수록 더 외로워지고 힘들어지는 것이 통례라 합니다.
리더란 당연히 그 위치만큼 어깨가 무거울 수밖에 없는 거니까요.
진정한 리더란 나무기러기 뜻, 넓은 아량을 지니고
아랫사람의 지혜를 끌어내기 위해서는

먼저 속을 보이지 않고 기다려주는 깊은 가슴의 소유자라 생각합니다.
초지일관 용기 있는 결단력과 단호함은 물론,
기다림과 베풂의 덕목을 갖추지 못했다면
리더로서의 자질이 약하다고 봐야 옳겠습니다.

요컨대 자질을 갖춘 리더는 따로 있다는 생각입니다. 따라서 내가 리더 형인지, 참모형인지를 스스로 확인해야 하며, 또 참모형이라면 전개형인지, 수습형인지도 엄밀히 검토해 보아야 할 필요가 있다고 생각합니다. 훌륭한 리더 밑에는 유능한 참모가 모이는 법이며 더구나 두가지 형의 참모가 고루 요구될 터이니까요.

근간에 트롯(Trot) 열기로 온 나라가 후끈 달아오른 느낌을 받습니다.
한 방송사의 '트롯 경연대회' 프로그램이 레트로(Retro) 열풍의 화끈한 불씨가 될 줄은 몰랐습니다.
우리나라를 대표하는 대중가요의 하나인 트롯이 젊은이마저도 하나로 엮어서 모든 세대의 가슴을 뜨겁게 울려준다는 것은 코로나19라는 괴이한 바이러스의 출현으로 온 세상이 죽음의 늪에 빠진 것 같은 와중에 가뭄의 단비 같은 일이라 생각합니다.

사실 트롯은 일부 중장년층이 선호하는 가요로 그 명맥을 이어 왔다고 할 수 있는데, 어떻게 젊은 세대에까지 트롯 광풍이 불게 되었는지는 알 수 없습니다만, 대중문화의 한 꼭지란 관점에서 오늘의 정서를 읽을 수 있지 않나 생각해봅니다.

트롯은 우리 가요의 한 장르로서 시대적 상황을 배경으로 하는 대중의 정서를 감미롭게 담아 독특한 꺾기 창법을 구사하는 가요 형식이라고 하는데요, 밝은 소재의 곡도 많지만 애잔하면서도 간장을 녹이는 구성진 가락과 애조 띤 노랫말이 하나로 어울려 설움의 눈물을 짓게 하는 별리의 노래가 주류를 이룹니다.

사람은 대체로 비극에 자신을 투영시켜 격정의 공감대를 깊이 하면서 묘하게도 뭔가가 해소된 듯한, 가슴이 탁 트이는 쾌감 같은 것을 느끼게 된다고 하는데요, 이른바 카타르시스(Catharsis)라 하겠습니다.
우리는 비극을 보며 자극의 강도에 따라 극중 인물과 자연스럽게 일체화하면서 스스로가 그 주인공이 되어 슬픔을 통한 카타르시스, 즉 해맑은 정서 경험을 거친 감정 순화의 경로를 밟게 된다고 하는데요, 트롯 역시 유사한 효과를 발휘한다고 합니다.

모두가 한결같이 좋아할 성향의 가요라고 볼 수는 없겠으나 시대마다 녹아 있는 서민적 애환을 짚어 구수한 소시민의 향취로 건네주는 맛 때문에 삶의 고달픔을 어루만져 주는 청량제로서의 구실을 다한, 우리 국민의 노래임은 분명한 것 같습니다.
국민 정서를 건전하고 격조 높게 이끌어 줄 훌륭한 곡들이 많이 쏟아져 나와 모든 세대를 아우르는 친숙한 가요로 자리 잡을 그날을 기대해 봅니다.

비극 요소에 의한 트롯 특유의 카타르시스 효과는
나무기러기 뜻, 사랑과도 맥을 같이 하는 면이 있어
때로는 정서 순화에 긍정으로 작용한다고 볼 수 있습니다.
눈물 없는 사랑은 없는 법이니까요.

ㅇㅏㄴㅊㅓㅇㅇㅓㄴ AHN CHUNG UN

독선과 권위 의식이 가득 담긴 언행 방식은 원활한 소통을 막고 지지 기반을 무너뜨리는 어리석음이라고 합니다.

상대방에 귀를 여는 마음가짐으로 저항을 이기며 자신에게 캐묻고 돌이켜 스스로의 행동을 가다듬고 이견이 끼어들도록 틈을 열어 주는 여유로움은 오늘날 리더로서의 성공길이 보장되는 경영자의 필수 덕목이라 합니다.

스스로를 우월하다고 생각하지 않는 진정한 낮춤의 자세로 자기중심적 사고가 욕심임을 알며 누구에게나 마음을 열어 다가오게 하는 노력을 게을리 하지 말아야 할 것입니다. 자신에 대한 맹신(盲信)에 치우쳐 오만에 빠지고 깨달음에 순종이 없다면 더 이상의 기회도 없을 것이기 때문입니다.

엉뚱한 자존심이나 자만심, 체면이나 집착 따위는 접고 겸손과 사랑, 그리고 인내와 온유의 마음으로 포용의 아량을 길러야겠습니다. 자신의 뜻을 펼침에 있어서도 차분한 인내심으로 조직 구성원으로 하여금 공감대 형성과 인식이 공유될 수 있는 논리와 합리를 바탕으로 한, 설득과 동료의식으로 이끌어주는 세심함이 필요합니다.

아울러 개개인의 능력 신장과 통찰력을 키울 수 있는 용기를 북돋우고 끈끈한 유대감을 키워주려는 노력이 전제되어야겠습니다.

상대의 역량을 확장시키게 됨으로써 자연스럽게 성공의 기회 공유가 성립될 수 있겠기 때문입니다.

훌륭한 리더가 되려면 때로는 부딪쳐올 수 있는 저항과 모욕조차도 부드럽게 받아 녹일 수 있는 넓은 가슴을 키우는 노력이 요구된다고 합니다. 마음으로 등 돌리는 모양새는 지는 모습이라네요.

더구나 느닷없는 분노 폭발 형태 역시 돌이킬 수 없는 결과와 직결되는 양상이라 합니다.

말하자면 섬김의 리더십이란 내 중심의 갇힌 사고 형태로부터 상대방 중심의 열린 사고 형태로 변환시키는 자율 형 소통환경 조성의 모습이라 하겠습니다. 상대방의 생각과 꿈을 원활하게 끌어내고 펼치게 하는 배려는 결코 놓쳐서는 안 될 리더로서의 미덕이라 생각합니다.

사랑이 없는 인생을 한 번이라도 생각해 보셨나요?
인생의 아픈 맛을 골고루 겪어 보셨나요?
삶의 고마움을 안다고 할 수 있나요?
잠깐을 스쳐 지나는 사람일지라도 그에게 밝은 인사를 나누고
관심을 나타내 보이면 가슴이 훈훈하게 열릴 수 있습니다.
따뜻한 시선으로 서로의 감정을 섞고자 하는 의지의 모습이
나무기러기 뜻, 사랑의 형상이기 때문입니다.
삶의 궁극의 의미는 결국 사랑이며 행복의 길인 것입니다.

AHNCHUNGUN

생을 통해 일상으로 겪는 대수롭지 않을 것 같은 일로 운명이 갈리는 경우가 허다합니다. 지는 것이 이기는 길이 될 때와 이기는 것이 잃는 길로 연결되는 국면입니다. 매 순간 부딪히게 되는 사안을 두고 슬기롭게 대처한다는 것이 여간 어렵지가 않습니다.

의견 교환을 하는 상황에서도 상대방의 말이 보석처럼 다가올 때가 있나 하면, 덜컥 뱉은 한 마디가 심기를 건드려 반사적인 분노 폭발로 이어지며 시간을 두고 쌓았던 교분마저 일순에 무너뜨리는 결과를 맞게도 됩니다. 어느 쪽이 이긴들 무슨 소용이 있겠습니까?

잠시 마음을 다스렸더라면 좋았을 일이 돌이킬 수 없는 착잡한 상처로 이어지는 셈이지요. 가는 말도, 오는 말도 고와야 하는 법. 삶을 성찰하는 안목을 키워야 하는 이유가 되겠습니다.

나무기러기 사랑의 뜻 속에는
분명 배려와 양보, 그리고 인내의 미덕
또한 엮여 있으리라 생각합니다.

ㅇㅏㄴㅊㅓㅇㅇㅜㄴ AHN CHUNG UN

바이올린의 울림통 재료로 세상에서 가장 적합한 나무는 로키산맥과 같은 높고 험준한 산의 수목 한계선에 가까운 높이에서 생장한 나무로, 정식 명칭은 아닌 것 같습니다만 '무릎 꿇는 나무'라는 이름의 수종이 있다고 합니다.

아마 가문비나무의 또 다른 이름이 아닌가 싶습니다. 수목 한계선이란 나무가 도저히 자라기 어려운 경계 등고선을 뜻한다고 하는데요. 무릎을 꿇는다고 한 이유는 계절을 넘는 혹독한 추위와 매서운 눈바람을 이기려다 보니 자연스레 꼬부랑 할머니처럼 허리가 굽었다고 해서 붙여진 이름이라 합니다.

세상에서 가장 공명이 좋은 맑은 소리의 악기는 바로 이런 나무로 만들어진다고 하네요. 해발 삼천 미터, 극한의 환경에서 온갖 풍상을 다 이기며 자랐기에 성장이 더뎠던 만큼 나이테가 조밀하고 단단해서 울림이 크다고 합니다. 반면에 생육에 적절한 환경에서 순탄하게 자란 나무는 물러서 재목감이 될 수 없다고 합니다. 더구나 재목감이란 것도 만 그루 중 한 그루 정도라고 하지요.

'어려운 상황은 분발하게 하지만 안락한 환경은 기회를 잃게 만들 수도 있다.'는 말과 통합니다.

우리 인간도 고난과 역경을 이긴 자만이 생을 통해 깊은 울림으로 살아간다고 할 수 있겠습니다. '거친 파도는 사공을 유능하게 만든다.'는 말이 있지 않습니까?

산다는 것이 무엇이며 어떻게 사는 것이 옳은지는 알 수 없습니다만, 문득 삶을 재미있는 한 판의 놀이로 본다면 어떨까 하는 고약한 상상을 해봅니다.

'놀이라는 것이 마냥 편하게만 이어진다면 너무 밋밋해서 뒤집는 맛도, 아슬아슬한 짜릿함도 없어 싱겁지 않을까? 생을 통해 때로는 함정도 만나고 긴장감 넘치는 별의별 우여곡절을 겪으면서 인생이 풍요로워진다면 이것을 드라마 같은 멋진 인생이라 칭할 수 있지 않을까?'

나무기러기 뜻, 이상적인 인생이란
아름답고 행복한 꿈을 성취하기 위해
시종일관 끈덕지게 노력하는
삶의 모습이라 생각합니다.

되짚어봄직한 추억 거리가 있습니다.

2002년 월드컵에서 우리 팀이 터키 팀과의 3~4위전에서 세계 4위로 머문 기억이 있지요. 스포츠 정신 차원에서는 의당 타협이란 생각조차 해서도 안 될 문제이면서 아무튼 터키 팀에 석패한 것입니다.

일부러 져 준 것은 아니지요. 덕분(?)에 터키 국민들로부터 6,25 전쟁 참전국으로서의 인연을 잇는 형제의 나라라는 찬사로 환대를 받은 적이 있었습니다.

우리 팀이 이겼다면 어떤 상황에 직면했을까를 상상하면 슬며시 쓴웃음을 짓게 됩니다. 만 번 잘했다는 안도감이 들 지경이었으니까요.

한편 정반대의 경우로, 축구강국의 이태리 팀은 우리 팀에 패해 중도 탈락하면서 한동안 우리를 향한 국민적 증오가 하늘을 찌르지 않았습니까? 그 나라에 불명예를 안긴 꼴이니 사리를 떠나서 분노가 치밀 수밖에 없었겠고, 애국심의 발로이겠거니 짐작은 되면서도 스포츠 정신에 입각하여 깨끗이 승복하지 못하는 국민적 이기심에 더하여 우리를 낮잡았던 속내를 드러낸 것이 아닌가 하는 씁쓸함이 남았었습니다.

실제로는 당당한 승리였지만 그 나라 국민에게 큰 수치심을 안겼으니 억울하다는 생각이 넘쳐, 결론적으로 그들의 마음을 잃는 국면이 연출된 것이지요. 어쨌거나 우리의 축구 역사상 전무후무한 업적으로 남을지도 모를, 불후의 금자탑을 세운 것만은 분명한, 우리의 영원한 자랑거리입니다만 찜찜한 기분은 쉽사리 가시지 않았습니다.

마찬가지로 인생사에 있어서도 유사한 경우에 봉착할 수 있습니다.

분명히 정정당당한 승리였다 할지라도 개운한 결과를 얻지 못하고 상대방에게 깨끗한 승복이 아닌, 한을 안기는 결과가 된 것이라면 양쪽 모두가 패배자나 다름없다는 생각을 해봅니다.

나무기러기 뜻, 삶의 진정한 의미는
상생의 스포츠 정신이라 생각합니다.

AHN CHUNG UN

다섯째 마당
디자인 정신

선각자의 지혜를 더듬어
오늘을 살피며,
바람직한 미래를 지향하는
새로운 가치 창출 자세는
디자인의 본질적 사명이라 생각합니다.

삶을 디자인한다는 것은
생명의 가치를 보배롭게 보는
시각에서 출발합니다.

학창시절, 나에게는 병마(病魔)에 쫓겨 학업을 중단하는 상황이 잦기도 했지만 무엇보다 전공분야에 대한 신념 부족으로 방황했던 아픔이 더 컸던 것 같습니다.
그러나 참으로 우연한 기회에 외국의 유명 전자회사가 새로운 메커니즘의 오디오 개발에 성공하여 세계적인 기업으로의 발판을 굳혔다는 리포트를 접하게 되면서 '아! 이것이 디자인이라는 거구나.' 하는 가슴 벅찬 희열의 계기가 있었습니다.

예전에는 오디오 기기가 고가(高價)대의 진공관 식이어서 왠만한 부잣집이 아니고서는 그림의 떡이었습니다. 어릴 적, 동네 아낙님들이 저녁 설거지가 끝나는 즈음이면 오디오 있는 집에 모여 앉아서 라디오 연속극을 들으며 눈물 훔치시던 모습들이 눈에 선합니다.

리포트의 요지는 이 회사가 제2차 세계대전 이후, 크게 기운 사세 회복을 위해 오디오 기기의 대중화라고 하는 일대 혁신에 도전했다는 것과, 최고 경영자의 엄명에 접한 디자인 팀은 엔지니어와의 협업을 통한 5년에 걸친 각고의 연구 끝에, 가격대는 진공관 식의 십 분의 일 수준이면서도 성능 면에서는 진공관 식에 버금가는 트랜지스터 방식 테이프레코더를 세계 최초로 개발, 생산하게 되어 소위 디자인 경영의 신기원을 이룩했다고 하는 내용이었습니다. 이후 이 회사는 세계를 주름잡는 가전기기 전문회사로 눈부신 성장을 하게 되었다고 했습니다.

어렴풋이나마 디자인의 의미 발견이 그 당시 나에게는 인생에 있어 최초의 삶의 전환기라 볼 수 있겠습니다. 이후로 디자인에 대한 관심이 고조되기 시작하면서는 자동차나 제품 디자인에 더 흥미를 가졌던 바 있었습니다만 연이 닿지는 않았습니다. 그래도 디자인을 향한 나의 열정은 식을 줄을 몰랐던 것 같습니다.

사회 속에서의 다양한 경험과 기회를 맞게 되면서 어설프긴 하나 좌우명이라고 할까, 나름의 원칙을 설정하게 되고 묵묵함 속에서도 소신으로 지키려 노력했었습니다.

1. 디자인 정신은 인간 삶의 통찰을 근간으로 삼는 것이라 생각한다.
따라서 '인간애를 바탕으로 하는 디자인'이 아닌 것은 가면을 쓴 술수나 다름없다.
2. 디자인이란 단순히 기능이나 기술로 설명할 수 없는 대상이다.
지식을 쌓고 견문을 넓히며 가리지 않고 다양하고 풍부한 경험을 쌓아라. 영감과 직관력은 경험의 대가이다.
3. 디자인이 곧 언어이며 문화임을 명심하고 관련 분야에 대한 이해의 폭을 넓혀라.
4. 객관성에 근거한 사고를 견지하라. 그리고 주어진 문제에 대한 이해를 깊이 하면 해답 또한 절로 열린다.
5. 대중의 기존 취향이나 정서에 맹목적으로 야합하지 마라.
시류(時流)에 안주하려는 소극적 태도로는 언제나 2류에 머물며, 본질적으로 미래를 열어갈 디자이너는 될 수 없다.
6. 스스로의 관습을 경계하며 새로운 가능성 탐색을 게을리 하지 마라.

7. 어디까지나 의뢰자 내지는 소비자 이익 우선주의를 기본 이념으로 하라. 따라서 신념이 바탕이 되면 설득을 위해 싸워라.

8. 추종이나 편승주의 디자인 의식과는 타협하지 마라.
아류만 낳을 뿐이다.

9. 우리에게는 자랑스러운 우리만의 고유 조형감성이 있음을 안다.
'가장 한국적인 것이 세계적이다.'라는 말을 가슴 깊이 담아 조형언어에 대한 감수성의 폭을 넓혀라.

10. 수익을 떠나서 실행하기로 작정하고 시작한 일은 끝까지 최선을 다하라. 이것이 진정한 프로정신이다.

디자이너로서의 자세, 10가지 다짐으로 오로지 이 길 하나에 매달린 외골수 삶이었다고 생각합니다.

자존심 내세우지 않는 진중한 마음가짐으로
다른 목소리에 귀 기울이며
목표를 세워 한 눈 팔지 않고
열과 성을 다하면
반드시 알찬 미래가 그 안에 있음을 나무기러기 뜻으로 새깁니다.

오늘날은 디자인을 어떤 각도에서 이해해야 할 것인가 하는 생각을 하게 됐습니다. 그리고 나름의 견해를 펼쳐 봅니다.

인류사를 통해서 디자인은 한 시대의 산업구조와 그 시대의 정서를 긴밀하게 반영하며, 의미의 폭을 지속적으로 확장시켜 오늘에 이르고 있습니다. 미래에는 또 어떤 의미를 갖게 될지 알 수는 없으나 한 마디로 디자인이란 시대(時代)정신이며 문화라고 단언할 수 있겠습니다.

다만 유행의 흐름에서 뉴트로(Newtro) 양상으로 재등장하는 문화현상이나 급변하는 미래산업 세계를 어떻게 짚어 나가며, 급속한 세계화 추세에서 필연처럼 부딪혀 오는 다층문화 환경 구조 중 어떤 속성의 계층과 연관시킬 문제인가 하는 등등의 조건이 전제된다고 생각합니다.

또한 디자인은 끝없이 진화하는 것이어서 엄밀한 의미에서 완성이 성립되지 않으며 어디까지나 과정만 있을 뿐입니다.

디자인은 절대다수 인간 삶에의 보편적 혜택을 지향하여 제공되는 수단이며 목적이기 때문에 민주(民主) 가치를 기본으로 한다고 할 수 있으며, 대중이 수용을 감당할 조건이 되지 않거나 다중의 공감대와 유리된 경우라면 그것은 예술이라 칭할 수는 있을지언정 디자인 정신에 입각한 산물이라고 할 수는 없겠습니다.

디자이너는 철저히 구조화된 객관적 사고로 보다 많은 사람의 삶에 관심을 깊이 하고 그 삶의 내용에 부응하는 필요충분조건을 제공하기 위해 노력하는 전문인인 것입니다.

따라서 디자이너로서의 자질을 높이기 위해서는 소통 지향 형 시각언어 체계에 대한 수준 높은 조형 감수성을 키우고, 디자인 정신을 체질로 다지며 인간애를 본질로 하는 견문을 넓힘과 함께 인문학 관련 소양을 폭 넓게 쌓아가야 한다고 생각합니다.

디자이너란 건전한 삶의 방식에 근거하는 대중 효용성에 가치를 두며, 단순히 개인 취향의 유희 형태나 얕은 잔꾀가 아닌, 다중(多衆)의 가치에 기여하는 문화 충족이나 그 호흡에 관계하는 자이기 때문입니다. 따라서 디자이너란 문화의 소산인 문명을 이끄는 주역으로서, 새로운 시대의 질서를 열매 맺기 위해 꽃을 피우는 자라 할 수 있습니다. 그로써 디자이너로서의 자부심과 긍지는 당연하겠지만 건강사회로서의 지표를 이끄는 윤리의식 또한 소홀히 할 수 없는 문제라 생각합니다.

디자인이 인간 삶의 비전에 기여한 바도 크지만 삶의 환경 도처에 끼친 해악의 사례도 헤아릴 수 없이 보게 되지 않습니까? 정당한 생각이라고 행한 일이 미래에 어떤 결과를 낳게 할지에 대한 무거운 책임의식이 요구된다 하겠습니다. 디자인의 혜택을 누리는 한켠이 있는가 하면, 그로 인해 해를 입는 다른 한켠이 있어 결국은 공멸의 길로 갈 수밖에 없음을 보게 되기 때문입니다.

각설하고, 디자인과 도안(圖案) 간에는 엄연한 의미의 차이가 있습니다. 도안이란 디자인과정을 통해 도출된 내용을 그림 내지는 도면의 형태로 표현한 결과물을 지칭하는 것입니다. 이를테면 디자인은 어디까지나 사고(Thinking) 과정인 것입니다.

이 세상에 생명으로 온 것을 감사하며
건강한 삶을 책임지는 사명감으로 세상을 보는
따뜻한 시선을 키워 가야 할 것이며,
이러한 윤리의식 역시 나무기러기 뜻,
사랑에 근거하는 것이라 생각합니다.
디자인에는 공존이라고 하는
나눔의 정신이 기초하고 있기 때문입니다.

-자연의 숨결에 의지하며 자연의 속성을 그대로 녹인 '자연미'
-엄마 품인 양 아늑하고 편안한 '안온미'
-들어내어 자랑하지 않는 아담한 기품의 '고아미'
-야단스럽지 않고 다소곳하며 더 없이 수수한 '소박미'
-잔잔한 미소를 품은 듯 따스한 '온유미'
-직진성을 누르며 모나지 않고 부드러운 '완곡미'
-다듬어진 모양새에 온아한 여유가 느껴지며 평퍼짐한 '대범미'
-농익은 세련미는 찾을 수 없어도 둔탁함은 배제된 '단정미'
-사치스럽거나 넘치지 않는 '절제미'
-거부할 수 없는 '친근미'
-정직한 재료 운용으로 유기적 환경 조건을 감안한 '건강미'
-시간의 흐름을 재질에 삭이는 '원숙미'
-결코 가볍거나 허술하지 않은 '진중미'
-자연스러운 균형을 소홀히 보지 않는 '균제미'
-대비 보다 어울림을 좇는 '조화미'
-기교를 앞세우지 않는 '고졸미'

세계에 자랑스러운 우리만의 전통 조형정서 고유의 운치를 어설픈 아마추어의 잣대로 몇 가지 짚어 보았습니다. 몰라서 미처 가려낼 수 없었거나 짧은 표현력으로 미치지 못하는 자랑거리가 분명 수두룩할 것입니다.

한 마디로 우리 고유 조형의식의 대표적 특질은 극단적인 대비나 과도한 긴장감을 거부하며 오히려 어울림에 초점을 둔다고 단정할 수 있겠습니다.

우리 조형 정서의 향기는 전통 거주문화에서 가장 많이 찾을 수 있는데, 우리 건축은 원래 자연의 절대자로 군림하는 모습이 아닌 자연에 안기고 섞이며 모이는 조화 체계의 한 요소로써 충실히 그 역할을 지켰던, 철저한 자연 순응 형이었습니다.

자연이 있어 인간이 있고
인간이 있어 자연이 있는,
자연과 호흡을 같이 한 맥락이 크게 읽혀진다 하겠습니다.

우리 강산은 장대한 웅장함을 찾기는 어려우나 오밀조밀, 어느 곳이나 작은 풍광의 요소들이 적절히 어우러져 방방곡곡이 비단 실로 수놓은 듯, 아름답지 않은 곳이 없다 하여 금수강산이라 이름 지었습니다.

여기서 선인(先人)들은 일찍이 경치를 빌린다는 의미에서 차경(借景)의 멋을 터득하여 옹기종기 우리만의 삶터를 일구어 온 것입니다.

말하자면 집 주변을 에워싸고 있는 자연 그대로의 모습을 조망하는 형태를 취하는 것으로, 경치가 좋은 자리에 집을 앉힌다기보다는 좋은 경치를 접할 수 있는 위치, 풍수지리에 부합되는 쪽으로 자리한다는 것입니다. 이를 두고 외경(外景)의 미(美)를 추구한다고 한답니다. 그리고 집과 집터 주변을 비롯해서 모든 세간 등은 시간의 흔적을 쌓으며 기품을 더해 갑니다.

사람의 손에 의해서 반(半)이 다듬어진다면 나머지 반은 스쳐 지나는 세월이 완숙(完熟)을 이끄는 형국이니까요. 일부러 심고 가꾸지 않아도 자연스레 피고 지는 야생화가 뜰 한 구석에 함초롬히 비껴 핀 품에 다름없습니다.

우리 전통 건축의 대체적인 흐름에는 자연을 최대한 훼손하지 않고 자연의 모습 그대로를 호흡하는, 공생이라고 하는 넉넉하고 따뜻한 나눔과 배려의 의식이 배어 있는 것입니다. 보다 놀라운 점은 우리만의 온돌 난방 방식을 비롯하여 찬란히 앞섰던 주거과학 지혜가 오늘에 연결되고 있다고 여겨지는 점입니다.

슬로우 라이프(Slow Life)니, 지속 가능한 주거환경 만들기니, 오가닉 하우스니, 패시브(Passive) 하우스니, 액티브 하우스니 하는 등의 사례가 고스란히 우리 전통 건축에서 그 자취를 볼 수 있기 때문입니다.

비약이 심한지는 모르겠으나 이 역시 나무기러기 뜻,
심지 깊은 인간애와 자연 사랑의 인식에 기초하는
디자인 관이 아닌가 하는 느낌을 받습니다.

우리나라, 중국, 일본 등 동양 3국의 전통 조형문화 특성을 비교한 주목할 만한 이야기가 있습니다. 서양인의 눈에는 분별이 쉽지 않겠으나 나라별로 미를 추구하는 결이 뚜렷이 다름을 알 수 있습니다. 우리는 자연미, 중국은 과장미, 일본은 형식미로 구분하는데 일리가 있다 생각합니다.

우리의 조형 정서는 여유로움과 느슨한 듯 때 묻지 않은 무구함과 부드러운 온기를 느끼게 하면서도 흐르는 물길처럼 상황에 순응하는 융통성을 보입니다. 한 마디로 인간미가 넘칩니다.

한편 중국은 다채로운 감성미로 정교하고도 미세한 천변만화의 기교를 자랑하면서, 때로는 위엄을 중시하는 규모주의적인 과시와 과장의 느낌이 강한 편입니다. 반면에 일본은 그 조형의지가 축소 지향형이라 일컫기도 하며 '경박단소'라는 비하가 지나친 듯싶은 표현도 더러 읽게 되는데, 털끝만큼의 흐트러짐도 허용하지 않는 반듯한 완결성이 나름의 특장이라 할 수 있습니다.

우리의 전통 조형은 완만한 곡선과 둔각의 대범성을 선호하는 경향이고, 중국은 변화무쌍하고 풍부한 다면성(多面性)과 장대한 규모 지향적이라 하겠습니다. 그리고 일본은 직선과 예각의 짜임새 치중 형으로, 모양을 간결하게 매듭짓는 경향이 짙습니다.

색체 조화 체계 면에서도 나라마다 각기 다른 향취를 느끼게 되는데, 그 대표적 사례를 전통 의상에서도 찾아볼 수 있습니다. 우리 것은 수줍은 듯 다소곳한 진중성과 유려한 자연미를 곁들인 반면, 중국은 다채로운 장식의 극치를 보여주는 야단스러움이 있고, 일본은 아기자기한 섬세함을 뽐낸다고 할 수 있습니다.

전통 건축문화에 있어서도 우리는 자연을 벗으로 삼는 외경(外景)의 미를 추구하는 만큼, 엄밀한 의미에서 조성한다는, 의도의 뜻이 배제되고 있어 조경(造景)이란 용어를 적용하지 않는다고 합니다. 조경이란 목적성을 담아 경관을 구축한다는 의미를 갖기 때문입니다. 중국이나 일본은 땅을 다스리는 의지적 모습을 보이며 담장을 둘러친 내부에 풍경을 꾸미는 조경 양식을 취하므로 내경(內景)의 미를 추구한다고 정의합니다.

순수 자연과의 어울림을 우선시하는 우리의 전통 조형정서는 심미안의 측면에서도 빼어난 아름다움으로 오늘의 자연주의 정서와도 능히 호흡을 같이 하는, 만고에 자랑스러운 정신문화 유산이라 생각합니다. 자연주의란 매끄러운 세련성과는 거리가 먼, 말하자면 솜씨 자랑을 하지 않는다는 뜻과도 연결됩니다.

미술사학자 유홍준 선생은 『나의 문화유산답사기』 제2권(1999년 10월 30일, 초판 33쇄 발행분, p339)에서 '질박한 아름다움, 서민적 체취의 건강미가 넘치는 무심과 무기교의 경지'라고, 어떻게 보면 설익은 듯 싶은 우리의 조형문화 특질을 짧은 한 구절로 절묘하게 정의하고 있는데 매우 적절한 표현이라 여겨집니다.

우리 고유의 조형정신이 잊혀져 간다고 한다면 그것은 우리의 미래를 잃어가는 것이나 다름없다는 우려의 마음을 숨길 수 없습니다.

고유 조형문화의 계승이 긴요하다는 것은
나무기러기 뜻, 행복 삶을 이끄는
우리 디자인 정신의 지평이 된다는 관점 때문입니다.

ㅇㅏㄴㅈㅓㅇㅇㅓㄴ AHN CHUNG UN

프랑스 동부, 롱샹 지방에 있다는 롱샹성당을 가보신 적 있나요?

성당의 정식 이름은 '노트르담 뒤 오 성당'이라고 한다는데 정확히는 모르는 상태입니다. 왜냐하면 가본 적이 없기 때문입니다. 생애 최후의 버킷 리스트로 꼽고는 있습니다.

불세출의 건축가 르 코르뷔지에의 불후의 명작, 롱샹성당을 소개한 몇몇 이야기를 종합해 볼 때 추정되는 결론은 한 마디로 경이로움, 그것입니다.

롱샹, 나지막하고도 드넓은 구릉 한 가운데에 자리 잡았던 원래의 성당은 제2차 세계대전 중, 1944년에 연합군에 의해 전략상의 문제로 파괴된 이후, 1950년에 수사신부 루시앙 르되르(일설에는 도미니크 수도회의 쿠튀리에 신부라고도 함)가 성당 재건 프로젝트를 맡게 되면서 이 신부의 간곡한 요청에 의해 르 코르뷔지에가 구상에 임했다는 설이 있습니다. 사실 그는 가톨릭 신자가 아니어서 처음에는 이 임무를 거절했다고 합니다.

나의 상상이 허구에 머물 수 있음을 알면서도 이 종교건축에 주목할 여지가 있음을 외면할 수 없어, 계획이 성사되고 성공으로 이어질 수밖에 없었던 배경을 세 가지 관점에서 짚어 봅니다.

첫 번째는 사명감입니다. 그에게는 긍지와 자존심, 그리고 명예를 걸고 도전에 임한 한 판의 승부가 아니었나 하는 점입니다. 우선은 그곳이 르 코르뷔지에가 태어나 자랐던 스위스 라쇼드퐁에 가까워 낯설지 않았고 종교건축에 승부를 걸 각별한 사유와 영감이 동시에 작용했으리라 보는 시각도 있습니다만 '이것이 기회다. 여기서 돌아서면 나는 없다.'라는 결연한 의지의 심원(深願)이 더 크게 작용한 고뇌의 일착이었다는 느낌을 받습니다.

두 번째는 과제를 보는 깊은 통찰로 걸출한 상상력을 뿜어낸 작가적 역량입니다. 당면 문제를 풀어가는 과정에서 고정관념에 얽매이지 않는 과단성으로 발상의 전환을 시도할 줄 알며 상징을 읽는 날카로운 예지와 예술적 천분을 유감없이 발휘한 천재성에 감복하지 않을 수 없습니다.

소개 자료들을 통해 짐작되는 바는 건축에 대한 불같은 열정은 물론 신묘한 영감을 더한 진지한 접근태도로 봐서 그의 태생적 장인 기질을 읽을 수 있습니다. 모더니즘의 창시자이며 완성자요, 순수 기하학적 조형의 신봉자였던 그가 직각을 과감히 허물고 마치 태초의 꿈틀거림처럼 기울고 굽은, 가히 혁명과도 같이 등장시킨 영감 덩어리 건축 언어였습니다.

어떤 면에서는 차라리 상징 조각이라고 해석되어야 할 만큼 종교건축에서 요구된다고 할, 신비주의 이미지를 관습에 의존하지 않는 전혀 새로운 각도에서 구사한 접근 방식이기도 했습니다. 성당 지붕은 미국 뉴욕의 롱아일랜드 해변에서 봤던 게 껍질이 영감으로 작용한 것이라고 합니다. 성당과 주변 정경을 일일이 짚어 이야기할 수는 없어 내부 이미지 하나만 그려 봅니다.

성당 문을 밀고 내부로 들어서는 순간, 시야는 잠깐 어둠에 막혀 허공을 맴돌다가 사물이 서서히 잡히기 시작하면서는 엄습하는 숙연함에 절로 고요에 잠긴다고 하네요.

둔중하게 누르는 천정과 두꺼운 벽 사이의 가는 틈 창으로 새어 드는 엷은 자연광과 앤티크 유리화 창으로 투과되는 영묘한 빛이 하나로 어울린 신비효과라고 봐야겠습니다. 반원형으로 비스듬히 펼쳐 내린 남쪽 벽은 맞은편의 색 유리화 창(窓)으로 스민 빛이 가득한 성스러움을 안겨 이 작은 공간에서는 기도가 절로 나올 것 같답니다.

한 마디로 주님의 성전, 거룩한 공간이어야 함을 가리키는 신비의 극치를 담은 최초의 근대적 종교 건축물로서 고전과 전통이란 언어 개념을 과감히 떨쳐버린 최초의 혁신적 시도였다 생각합니다.

그 당시에는 너무나 엉뚱한 접근이어서 대단한 논란의 대상이 되기도 했다는데요. 혁명적 사고의 개입 없는 발전이란 없음을 역사로 증거하고 있습니다. 르 코르뷔지에는 이 건축에 최고의 자부심을 가졌다는 일화를 읽게 되는데요. 그에게는 이미 종교건축에서의 빛에 대한 심오한 이해가 따랐음이 분명합니다.

세 번째는 경제 문제로 인한 빈약한 수주 조건임에도 건축주의 철저한 간섭 배제 약속이 그의 야심에 불을 지핀 동기부여가 아니었을까 하는 점입니다. 다양한 고려 조건이 필연적으로 요구될 수밖에 없는 건축 디자인 분야의 특성상, 무제한의 기량 발휘가 한껏 허용된다는 것은 어쩌면 기회이기 때문입니다.

이처럼 위의 세 가지 요소가 하나로 응축되어 종교건축의 금자탑, 새 시대를 여는 초석이 마련되었던 것입니다. 지금으로부터 66년 전에 벌어졌던 일로 오늘의 우리 현실에 비춰볼 때 시사하는 바가 큽니다.

건축 부문에서 노벨상에 필적하는 '프리츠커'상이란 것이 있습니다. 이 상의 취지는 작품상이 아닌 건축가상으로서 건축 활동을 통하여 세계 건축문화 발전에 지대한 공헌을 한, 현존 건축가에게 수여되는 상이라고 합니다.

따라서 2021년, 올해로 43회째 44명의 수상자를 낸 이 상이 1978년 이전의 건축가는 수상의 자격범위에 들지 않아 세계 7개국 17개소에 자리 잡은 그의 명작이 유네스코 문화유산으로 등재되고 있다지만 르 코르뷔지에도 수상자는 되지 못했습니다.

안타깝게도 우리는 아직 영예의 수상자 한 사람 배출시키지 못한 상태입니다. 우리의 경우 건축을 보는 사회의 이해 부족과 그에 기인한 건축계 현안이란 것이 건축가의 창작 의욕을 위축시키는 요인으로 작용하는 건축문화 발전의 저해 요소가 아닌가 하는 조심스런 생각을 해봅니다.

하지만 이와 함께 지적하고 싶은 것은 건축계 환경만을 탓할 것이 아니라 내 안의 문제도 진지하게 돌아보는 혜안은 물론, 타개를 위한 과단성과 의지의 노력 또한 필요하지 않을까 하는 점입니다.

우리만의 자랑스러운 저력, 정신문화유산에 비추어볼 때 언젠가는 세계 건축 반열에 합류할 불세출의 인물이 등장할 것이란 기대감이 넘칩니다. 우리의 피 끓는 창조적 자부심으로 봐서 결코 뒤질 이유는 없기 때문입니다.

어떤 분야에서든 세상을 일으킨 인물은
한결같이 남다른 행보가 있었음을 발견하게 됩니다.
누구에게나 나무기러기 정신,
지혜로운 끈기와 일관된 노력이 뒷받침된다면
반드시 빛나는 금자탑을 세울 수 있으리라 믿습니다.

여섯째 마당
미래를 생각하며

삶의 조건을 비교하거나
저울질하는 풍조,
공중(公衆)에 대한 배려와 의무를 저버리는,
비뚫어진 의식이 소용돌이치는 사회는
미래 또한 어둡고 어지럽습니다.

공의(公義)를 지키며, 정당한 가치관 안에서의 노력이 인정되는
공정사회가 건강한 사회이겠습니다.

2019년 8월 15일, 광복 74주년을 맞이합니다.
극일의 외침도 들었습니다.

긴 세월, 고난과 역경의 시간을 이기고 세계가 찬탄한 눈부신 번영의 문턱을 넘었습니다. 그러나 세계 속에 우뚝 서는 일등 경제 부국이라 자부하기에는 아직은 이른 것 같습니다.

그럼에도 불구하고 우리는 할 수 있다는 엄청난 저력을 우리 안에서 발견한 것입니다. 어제의 큰 아픔들이 일깨움이었음을 가슴 깊이 되새기며, 또 다시 더 굳은 의지로 미래를 개척해야 하리라 생각해봅니다.

우리 모두가 하나로 뭉쳐서 매진해야 할 일등국으로의 길이 곧 극일(克日)의 길이라 여겨지기 때문입니다.

여기서 오늘날 우리는 어떤 정서 환경 안에서 살고 있는지 짚어볼 필요가 있다고 생각합니다. 우리나라를 처음 찾은 외국인들은 이구동성으로 인정도 많고 참 편리하고 살기 좋은 나라라고 합니다. 그러나 정작 한국을 깊숙이 알게 되면서는 여기서 살고 싶지 않다는 축이 많은 것 같습니다. 왜냐하면 삶의 가치를 물질중심으로 가늠하고 심지어는 경제 능력으로 사람을 서열화하기 때문이라고 합니다.

한 마디로 돈이 많거나 권력이 있으면 뽐내며 살 수 있는 나라지만, 돈이 없으면 그것이 흠이 되어 멸시나 조롱을 받으며 살아야 하는 나라라는 것입니다. 그러니 무리를 해서라도 꾸미고 으스대며 살아야 하는, 가식이 판치는 나라로, 삶이 각박해질 수밖에 없는 중요한 이유가 된다고 하며 국민의 기본 생존권과 관련된 물가도 만만치 않다는 첨언이 있기도 했습니다. 진정한 삶의 의미는 바르고 착한 심성으로 앞만 바라보며 굳세게 살아가는 길에서 찾아야 하리라 생각합니다. 일등국으로서의 진정한 자격은 국민의 삶의 정서가 건전하게 잡혔을 때 부여되는 것이라 여겨지기 때문입니다.

남의 눈을 의식하는 허풍 따위는 접고 분수껏 사는 것이 바른 삶의 모습이겠습니다만 따돌림 당하거나 불이익을 당할 수도 있다는 두려움이 문제인 것 같습니다.

우리 모두는 자세를 가다듬고 희생이라는 애국정신 일념으로 올곧은 사회를 향한 수범의식을 굳건히 다져가야 하지 않을까 생각해봅니다.

어디까지나 혼자만의 어설픈 몽상입니다만 일등국으로서 갖추어야 할 조건이라면 정직과 근면 성실, 배려와 존중을 알고 공중도덕과 질서의식 등 국민으로서 양심으로 지켜야 할 도리와 체면을 중시하며 품위와 격을 고루 갖춘 시민정신으로 사는, 국민을 품은 나라이겠거니 하는 생각입니다.

또한 공직은 물론 공동체의 이익과 관련된 분야에 종사하는 사람 역시 멸사봉공의 정신으로 주어진 역할을 다하며 참된 공복으로서 애국혼을 발휘하는 그런 사람들이 사는 나라여야 하지 않을까 하는 생각에 잠깁니다.

더구나 일등국이라면 나라의 모습도 마땅히 평화의 기틀 위에 자유

민주주의를 수호하며 사회정의를 바로 세우고 국민이 먼저인, 국민 모두가 안정된 삶을 향유하는, 평등 복지국가를 이끌며 국가 간에도 신망을 자랑하는 선진부국이어야 하지 않을까 하는 생각까지 하게 됩니다.

우리 모두 분연히 일어나 만난(萬亂)을 무릅쓰고라도 우리의 약점들을 쓸어내며 결사코 해낼 수 있음을 우리의 귀한 경험을 통해 알고 있습니다.

나무기러기 뜻, 진정한 사랑의 정신은
크게는 애국에 연결되는 길이며
애국은 곧 나와 후대(後代)를 복되게 하는 길이라 믿습니다.

어제는 온종일 가랑비가 추적이더니 오늘은 하늘이 더 높고 청량합니다. 모처럼 산책에 나섰습니다. 아침이어서인지 약간 쌀쌀합니다. 유난히도 고운 햇발에 몸이 양지만 따라 갑니다.

정녕 가을인가 싶습니다.

맑은 냇가 산책로 따라 한참을 가는 길에 한 여인이 들꽃에 파묻히듯 뭔가에 열중한 모습이 눈에 띕니다. 지나며 보니 놀랍게도 노랑나비 한 마리가 예쁘고 작은 하얀 꽃송이 위에서 날개를 팔랑거리고 있는 것입니다. 싱그러운 생명을 느낍니다. 계절 탓일까. 나비 본 지도 오래고 고추잠자리는 본 기억마저 감감하며 근간에는 꿀벌조차도 만나기가 쉽지 않습니다. 더구나 맑은 공기 만나는 날은 손꼽을 지경에 이르렀습니다.

오늘 같이 때로는 창문도 활짝 열며 마음 놓고 시원한 공기를 마실 날만 이어지면 좋을 텐데, 공해 위험치가 코밑을 넘은 지도 오랩니다.

먹거리의 보고(寶庫), 아름다운 강산과 바다가 눈에 띄게 심상치 않은 모습으로 변해 가고 있습니다. 어느 날 인간을 삼켜버릴지도 모를 환경 재앙, 지구침몰의 내일을 상상만 해도 두렵고 끔찍합니다.

어느 동네 공공게시판에는 몰래 버린 폐기물의 주인을 찾느라 사진 넣어 방문(榜文)을 붙인다는데, 이런 일이 적어도 한 달에 두세 번씩은 일어난다고 합니다. 'CCTV 확인 중, 무단 폐기물 4,000원' 신고하고 비용을 지불하면 그만인 것을, 왜 이런 민망한 일이 잦은지 이해가 되지 않습니다. 주차위반 딱지를 붙인 채로 버젓이 시내를 질주하는 차량을 보듯 씁쓰레한 기분이지요. 도덕불감증이 만연한 느낌입니다.

인간이 보다 윤택하고 편리한 삶을 추구하여 노력한 결과가 자연의 섭리를 거스르게 된 사례도 많지만 문제는 양식(良識)이라 생각합니다.

내가 먹을 것이 아니고 내가 쓸 것이 아니면 어떤 비양심적인 행각도 서슴지 않고, 내가 쓰고 지나간 자리가 남에게 해가 되든 말든 문제될 것 없다는 파렴치도 숱하게 보아 왔습니다.

우리는 지금껏 이기심이 눈앞을 가려 훗날의 안녕은 간과한 어리석음을 자행하며 살아온 것입니다. 내가 저지른 일로 인해 나에게, 또 후대에 이 지구가 무서운 앙갚음을 할 날이 올 것이란 걸 모두가 하나같이 예견하고 있을 텐데 말입니다.

우리가 사는 이 땅의 환경은 우리 스스로가 가꾸고 지키지 않으면 누가 지켜 줄까요? 양심의 소리에 귀 기울이며 마음의 풍경을 아름답게 가꾸어 갔으면 합니다.

환경을 지키는 일은 아주 작은 일부터 살펴 실천하고 소홀함이 있어서도 안 된다 생각합니다. 쓰레기는 공고된 방식에 준하여 반드시 유형별로 분리 처리하고 식당에서는 음식을 먹을 만큼만 들며 지저분하게 남기지도 말아야 할 것입니다.

"음식도 하늘의 뜻이니 감사하며 소중히 하여라.
네 앞의 음식은 한 톨도 남기지 말고 그릇을 깨끗이 비워라.
고마움을 모르는 행동거지는 복을 차버리는 못난 짓이다."
이렇게 배우며 자란 기억이 새롭습니다.
환경을 생각하고 배려하는 마음도
나무기러기 사랑의 뜻과 한 축이라 생각합니다.

AHNCHUNGUN

요즘 'BTS'를 비롯하여 'K팝' 아이돌이 세계를 발칵 뒤집어 놓고 있습니다. 지구인 모두를 흠뻑 매료시키고 있는 것입니다. 세계의 젊은이들을 열광하게 만든 K팝의, 상상을 초월한 공감대 파급 효과가 우리나라 배우기 열기(熱氣)로 이어지고 있습니다.

더욱이 이 기운에 편승하여 우리 예술문화에 대한 관심도와 브랜드 신뢰도 또한 끝 모르게 고조되고 있어 우리 모두가 한껏 고무된 분위기입니다. 한류문화가 세계 관심의 중심에 서는 이 순간이 우리나라가 내일을 거듭날, 결코 놓칠 수 없는 기회라 생각합니다. 갈 길은 아직도 멀기만 하기 때문입니다.

역경과 고난을 딛고 짧은 시간에 눈부신 성장의 기적을 일궈왔던 여세를 몰아 태산도 넘는다는 야멸찬 각오로 의지를 새롭게 모아야겠습니다. 때 맞춰 바야흐로 신 성장 동력산업을 주축으로 가파른 제4차 산업혁명의 중심에 들고, 융 · 복합형 6차 산업에까지 급진적인 이음새로 미래가 열려가고 있습니다.

상상치도 않았던 상품 군과 서비스 업종이 엄청난 기세로 파생하며 인류 삶의 패턴 역시 급속도로 변하고 있어 이 모든 것이 내일의 국부(國富)와 국격(國格), 내지는 국위(國威)에 연관된다는 다급함이 따릅니다.

우리나라도 남부럽지 않은 강소부국(強小富國)으로 자리하여 안녕과 복리를 하나로 누리는 자랑스러운 일등 국민이 되지 말란 법이 없다 생각합니다. 우리에게는 K팝 아이돌처럼 미래를 밝게 다질 내일의 희망, 젊은 세대가 있기 때문입니다.

창의적 잠재력을 활화산처럼 분출시킬 자랑스러운 선진산업 역군되어 찬란한 전통문화예술의 혼이 깃든 아름다운 감성의 불을 지필 것이며, 노도와 같은 파죽지세로 세계를 휩쓸게 되리라는 기대가 있습니다. 더하여 이제부터는 출중한 디자인 사고로 무장한 젊은 브레인이 미래 산업의 주역이 되는 시대가 열릴 것이라 확신합니다.

나무기러기 뜻, 사랑의 본질은
불굴의 개척정신과도 궤를 같이 한다고 생각합니다.
넘치는 기백으로 우리의 미래를 앞장서 열어가는
K팝 아이돌의 눈부신 업적에 갈채를 보냅니다.

AHNCHUNGUN

톰 워샴(Tom Worsham)이란 사람의 『기러기』라는 책에 소개되고 있다며 기러기의 아름다운 덕목에 관한 이야기가 널리 회자되고 있습니다.

기러기 떼가 험난하고도 머나먼 여정을 무릅쓰는 이유는 삶의 신천지를 개척하기 위해서라고 합니다. 여기서 무리를 이끄는 기러기의 리더십이란 권력을 행사하는 우두머리로서가 아닌 집단에 대한 헌신의 자세로 약자를 배려하며 스스로를 희생하는 수단으로서의 모습입니다.

장거리 비행의 효율성을 위해 V자 대형에 의한 독특한 비행술을 보여준다는데, 이는 앞장선 선두의 날갯짓이 상승기류를 형성시켜 뒤따르는 무리의 양력을 돕게 되는 것이라고 합니다.

이로써 무리는 힘을 비축하게 되고 무리가 쉼 없는 소리로 선두를 격려하면서 선두가 지칠 때면 자연스럽게 꼭지 역을 바꾸어 가는, 이른바 공동 목표인 삶의 확보를 위한 고행의 나눔이었습니다.

앞서니 의기가 살고 꼴찌라서 부끄러울 이유가 없는 것입니다.

어디까지나 수평적 질서를 기본으로 함께하기 때문이었습니다. 그리고 어떤 형태로든 낙오자가 생기면 한두 마리가 남아서 동료가 죽음에 이르는 마지막 순간까지, 또는 기력을 완전히 회복할 때까지 곁을 지키다가 함께 본 대열에 합류한다고 하니 그 동료애가 지극함을 알 수 있습니다.

뿐만 아니라 둘이 짝으로 결합하면 평생 고락을 함께 하며 어느 한 쪽의 변고로 짝을 잃어도 홀로 수절한다고 하니 인간으로서는 희생을 담보하는 결의 없이는 결코 흉내조차 낼 수 없는 절절함을 느낍니다.

인간이나 일부 동물에서 나타나는 패권과 관계되는 다툼(爭)의 양태는 찾을 수 없을 것이며 시기, 질투, 모함, 증오, 보복, 멸시 같은 것도 물론 없고 과욕도 없겠습니다. 그들 안에는 오직 공존을 위한 나눔과 평화만 있어 '함께'라는 말이 더욱 돋보일 수밖에 없습니다. 그래서인지 평균수명도 인간보다 긴 편이라고 합니다.

우리 인간도 진정한 의미에서의 공동체 지향형 삶의 재건이 절실합니다. '함께 일굼'이라는 공공의 가치 안에서만이 개체의 존재 의미가 성립됨을 이해하는 가치관의 혁신이 요구됩니다. 함께 일군다는 것은 공동체 안에서 주어진 몫을 다함으로써 공존에 기여하는 부끄럽지 않은 자기 모습이 확립된다는 의미와 연결됩니다.

또한 진정한 지도자의 면모란 자신의 권력 유지에만 급급하지 않고 질서 순환의 법칙을 존중하는 꼭지로서 함께 한다는 의미를 새기며 공동체를 이끄는 열린 모습이라 생각합니다. 동료를 짓밟는 것이 아니라, 오직 '함께'의 세계가 완성됨에 가치를 두는 것이기 때문입니다.

가정(家庭)도 가장 작은 단위의 기초 공동체입니다.
가족은 곧 그 공동체의 소중한 구성원이 되겠습니다.

부부는 마땅히 하나 된 마음으로 서로에 헌신하며 건강가정을 이끌어가야 할 꼭지로서의 본분을 다해야 할 것입니다. 부부 사이에 신뢰와 존중에 틈이 생기면 잦은 마찰로 환멸이 따르며 위기상황으로 치닫는 전조가 될 수 있습니다. 가정의 중심이 흔들리면 삶의 축이 흔들립니다.

기러기가 함께하는 삶 안에서 이타(利他)를 기본으로 주어진 역을 다하며 헌신과 사랑으로 금슬(琴瑟)의 본을 보여주는 모습은 한 마디로 아름다움입니다.

전통 혼례에 등장했던 나무기러기는
기러기의 공존의 팀워크를 배우며
섬김을 지켜 살아가겠다는 약속의 징표였던 것입니다.
멀리 가려면 함께 가라고 합니다.

외국을 둘러보면 나라에 따라서는 먹거리를 비롯한 기초 생계에 관계된 물가는 흔들림이 없을 뿐만 아니라 생필품 전반에 걸쳐 놀랍도록 안가(安價)라는 느낌을 받습니다. 영세소득자를 배려한 최저 생계 보장형 제도라 생각됩니다.

전기, 수도세 등을 감면해 주는 나라도 있다고 들었습니다.

잡화점 형태의 천원대, 만원대 상품만 취급하는 점포 등 초저가 생활매장도 있는가 하면 유행을 앞서가며 세계를 주름잡는 저가 의류 브랜드도 만납니다. 반면에 레스토랑이라 이름 붙은 곳은 대체로 식사비가 만만치 않습니다.

더구나 면세 구역이나 전문점, 백화점 같은 곳은 초고가의 럭셔리 브랜드 상품들이 즐비하며 운송수단에서도 비슷한 사례를 보게 됩니다.

승용차의 경우만 해도 이동 편의 기능을 최소한으로 뒷받침하는 소형차나 미니카가 있는가 하면 머슬카, 수퍼카를 비롯하여 초고가 럭셔리카도 수다합니다.

절대 다수의 사람들은 소유할 엄두도 낼 수 없는 대상이어서 주 생산국에서조차 길거리에서는 쉽게 만날 수 없습니다.

말하자면 기본 삶의 조건은 안정적으로 마련해주는 한편, 삶이 여유로운 측은 고급진 삶은 즐기되 그만큼의 부담은 감수하라는 의미가 담겨 있다고 생각합니다. 부와 가난의 벽 때문에 생기는 의식의 틈 같은 것도 없는, 누구나 자유롭게 부를 추구하고 누릴 수 있는 기회균등의 나라가 아닐까 하는 생각도 따릅니다.

무한 경쟁의 시대라고는 하지만 권력이나 금력 등이 부당하게 동원되는 왜곡된 패거리 문화의 나라는 아니리란 생각도 하게 됩니다.

뿐만 아니라 가난의 고착화나 부의 대물림이 특권처럼 여겨지는 그런 형태도 없겠다 싶었습니다. 더구나 빠르게 변모 발전하는 산업사회구조와 국민적 니즈에 부응하여 미래지향형 제도를 신속 적절하게 구축해 가는 일류 행정체계를 보유한, 그야말로 진취적 사고와 정의가 하나로 서는 나라가 아닐까 하는 생각도 해봅니다.

누구나 나래를 한껏 펼쳐 풍요로운 내일을
다져갈 수 있는 공평세상 구현이 나무기러기 뜻,
꿈과 연결된다고 생각합니다.

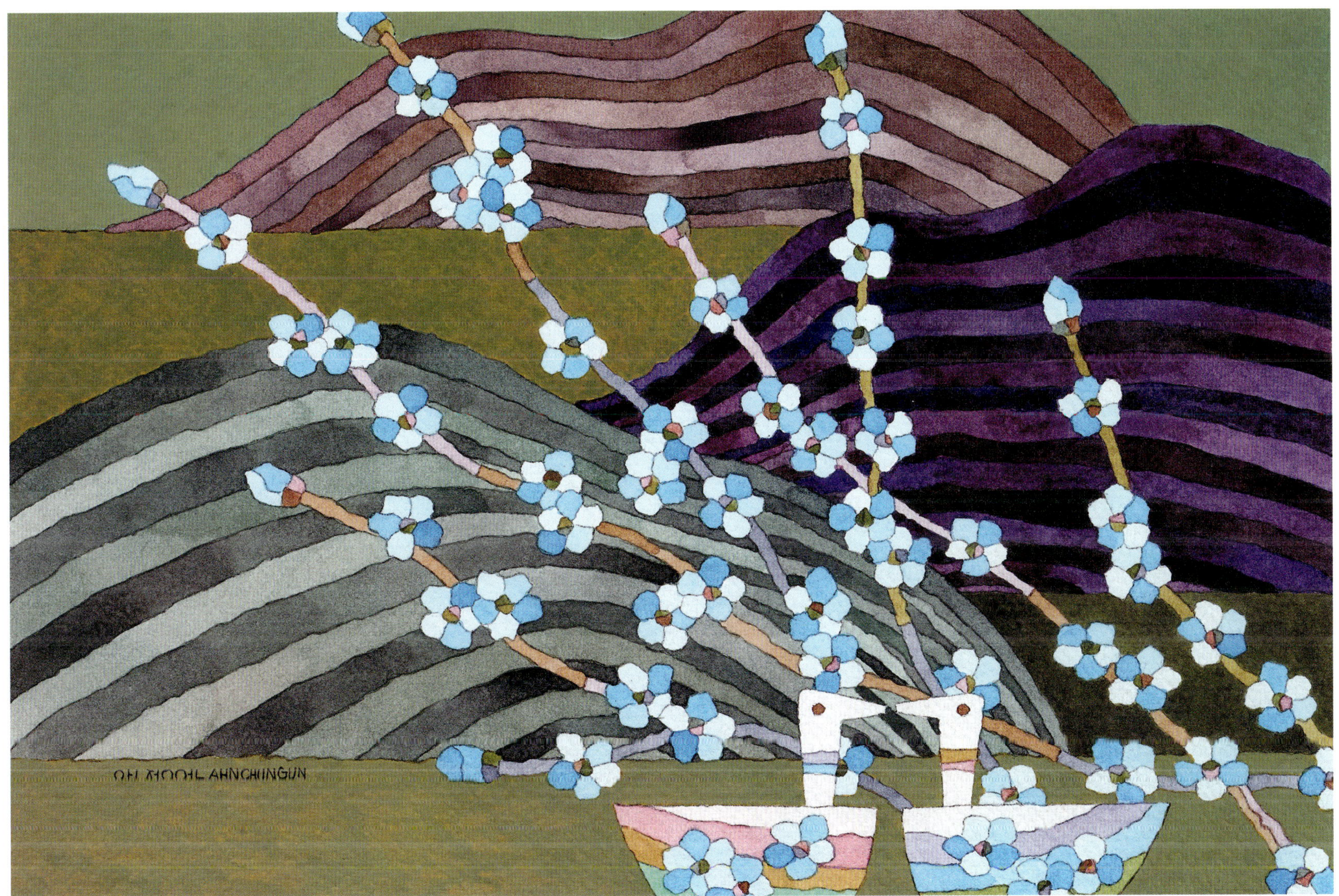

에필로그

착하게 정직하게 살기를 바라며

인생이란 재미있다고 생각하면
한없이 재미롭고
어떤 위기도 헤쳐나갈 용기가 주어진다.

그러나 힘들고 고달프다고만 여긴다면
매사가 스트레스며 무거운 짐으로
부딪혀 올 수 있다.

밝고 건강한 마음을 키워야
심신을 건강하게 이끌 수 있고
기회도 만들어 갈 수 있다.

어떤 생각으로 사느냐가
삶을 영위하는 절대 조건이 된다는 뜻이다.

지혜의 눈이 뜨여 진실의 아름다움을 가려서 볼 수 있다면
감사한 일이고,
슬기로운 귀가 열려 참 소리를 담을 수 있다면
이 또한 감사한 일이며,
사랑을 품은 부드러운 입이 있어 누구에게나 따뜻한 말을
건넬 줄 안다면 이 역시 감사한 일이고,
건강한 심신으로 인생을 바로 살펴 부단히 삶을 꾸려 갈 수 있다면
이 조차도 감사한 일인데,
언제 어떤 경우에나 명민한 사리분별로
정직하고 착한 마음을 이으며
겸손과 용서의 힘을 아는 능력마저 확보할 수 있다면
이보다 더한 은혜로움이 또 어디에 있겠는가?

사랑하는 아들, 딸들아!

너희에게 아빠는 평생을 두고 따뜻하고 다정한 말 한 마디, 변변한 칭찬 한 번 제대로 던져 본 적 없이 매번 정나미 떨어지는 핀잔만으로 너희들의 기를 꺾기 일쑤였고, 언제나 무뚝뚝하여 미소 한 번 번듯하게 건넨 적 없었네. 부모로서 자식에 대한 애착이 컸던 만큼 엄하게 다루는 것이 당연한 이치려니 하는 그릇된 논지에 갇혀 있었던 게지. 자식의 성장과정에 악영향으로 미칠 정서 왜곡 같은 것은 고려에도 넣지 않았던 거야.

아쉽게도 세월을 먹어 가면서 뒤늦게 '아뿔싸, 이게 아니지!' 하는 생각이 눈을 뜨기 시작하더구나. 정말 미안하구나. 가장 부끄럽고 후회스러운 부분이다. 그래도 내심, 너희들을 지극히 자랑스럽게 여겨왔고 사랑하는 마음 또한 언제나 가슴 가득했으며 그 마음 여태 변함없단다.

그리고 지금에야 털어놓는 얘기다만 대학입시 때 너희들 모두가 입시원서에 보호자명은 엄마로 표기하고 싶다 했었지? 너희가 원하는 전공분야가 아빠와 비슷하다 보니 남의 눈이 의식된 나머지, 아빠 덕에 혜택 받았다는 소리 들으며 살고 싶지 않다고 한 말 기억하냐?

그뿐인가 너희 졸업 때까지도 내가 너희들의 아빠란 걸 교수님들이 까맣게 모르기도 했지 않았니?

솔직히 아빠는 너희가 아빠와 같은 길을 걷는다는 것 자체가 마음에 걸려 막고 싶었지만, 기어이 그 길을 택하더구나. 어떤 직업이든 편한 길이야 있겠냐마는 그때 아빠는 디자인을 업으로 삼는다는 것이 대단히 고생스럽다고 보는 측면이 강했기 때문에 너희가 무척 염려스러웠던 거였고, 그럼에도 한켠으로는 대견스럽기도 했었단다. 적성에 걸맞은 떳떳한 인생을 개척하겠다는 열망 같은 것이 보였기 때문이란다. 그런데 막내는 전공분야가 다르지. 이것도 운명이라고나 할까, 입시가 임박해서는 꼭 병원 신세를 지곤 해서 결국은 디자이너 꿈을 포기할 수밖에 없었잖니? 아빠는 막내가 원하는 분야로 진출하지 못한 게 큰 아쉬움이었단다.

너희들 사회 첫 출발에도, 그리고 그 후에도 아빠는 누구 취직자리 한 번 주선해준 기억이 없구나. 제자들에게는 틈틈이 뛰어다니며 자리 잡아줬으면서 정작 내 자식들에게만은 속 보이는 것 같아 손 써볼 엄두조차 낼 수 없었단다. 이 또한 미안하기 그지없구나. 하지만 부모에게는 자식이 기댈 언덕이고 살아가는 힘이란다.

AHN CHUNG UN

너희 모두가 행복가정 다지며 형제자매 간에 화목하고 서로 배려하며 착하게 사는 모습 보이는 것이 부모로서의 소박한 꿈인 거야. 아빠는 또 사람마다 제각기 피할 수 없는 숙명 같은 것이 있되 그 운명을 바꿀 수 있는 것도 인간이라는 신념에 더하여 행복이란 것 역시 그저 주어지는 법은 없다고 믿는 입장이란다. 누구나 저마다의 어려움은 안고 사는 법이니까 삶에 부대낀다고 움츠리지 말고 가슴을 활짝 펴고 살도록 하자. 어떤 경우라도 비굴하지 말고 의젓한 모습 보이며 결코 구차한 표현이나 구질맞은 기대감 같은 것도 갖지 않기를 바란다.

피할 수 없는 것이 운명이라지만 다스릴 수 있는 것 또한 운명이라 하지 않더냐? 예고도 없이 밀려오는 성난 파도 같은 시련도 뒤집어 보면 고비마다 귀중한 가르침을 품고 있단다. 결코 흔들리지 말고 진중한 배포로 지혜와 슬기를 모아 착실히 이겨내면 반드시 좋은 기회로 연결되기 마련이지. 전화위복이란 4자성어가 생각나는구나. 궁하면 통한다는 속담도 있느니. 관념에 갇혀 사는 소극적인 인간이 되지 말고 창의적 적극성으로 거듭나는 삶을 추구하는 인간이 되어야 한단다. 도전적 개척의지로 전례(前例)를 만들어 온 인간사가 창조사고의 중요성을 웅변해주고 있지 않니?

어떤 면에서든 완벽하고 후회 없는 삶을 살 수 있다면 그것은 행운이지. 이 세상에 그렇게 살 수 있는 사람은 아무도 없을 거야. 살다 보면 헛걸음질칠 수도 있는 법이란다. 기회란 시기가 있는 법이니 조금이라도 젊고 힘 있을 때 빈틈없이 생각하고 노력을 게을리 하지 않는 굳은 결기가 필요한 것 같다. 나이를 더할수록 자신감도 떨어지고 모든 것에 무뎌지더구나. 뜬구름 잡듯 뜻을 깊이 하지 못하고 노상 헤매기만 한다면 이 또한 안타까운 일일 것 같다. 때로는 치열하게 삶에 도전할 필요도 있느니. 주마가편(走馬加鞭)이라고, 달리는 말에 채찍질을 더한다는 말도 있지 않느냐? 다만 과욕으로 무리를 범하는 일은 삼가자. 심신을 그르칠 수도 있으니까.

늘상 하는 얘기다만 행한다는 것이 쉬운 일은 아니란다. 그래도 용두사미 격으로 슬그머니 꼬리 내리는 따위의 허망한 모습은 보이지 말거라. 살다 보면 무심결에 멋진 승기를 잡게 되는 행운도 따르지만 대부분의 경우 축적된 땀의 결정이 완성도 높은 결실로 연결되는 법이야. 그러니 아무리 사소한 일에도 빈틈은 보이지 말거라.

관계 속에서 사는 것이 인간이지 않느냐. 어떤 상황에 직면해서든 적대감을 부를 행동거지는 최대한 삼가고 겸손한 자세로 눈과 귀를 열고 안아 줄 줄 아는 심성을 키우자. 심사가 뒤틀린다고 어깃장을 놓고 악다구니를 쓰며 아무 말이나 함부로 내뱉기보다는 아니라고 생각되면 조용히 털어버리면 될 일이지, 결코 맞닥뜨리거나 들추지도 말며, 더구나 고까워도 말거라. 이해하고 양보하며, 때로는 덮을 줄도 아는 너그러움은 유대관계를 공고히 하는 최고의 길잡이가 된다는 것을 명심하자.

매사에 작용하는 자기중심 형 속 빈 자존심은 자가당착에 빠지는 함정이 될 수 있으며 스스로를 외롭게 할 뿐이다. 안다고 우쭐대고 거들먹거리는 교만한 모습 또한 가련한 모양새다.

사사건건 꼬인 시각으로 자기주장만 앞세우며 조화로운 소통과 타협을

안정운 AHN CHUNG UN

모르는 심성은 옹고집의 뿌리로 고질화하기 십상이다. 더구나 당연히 아닌 줄 알면서 우격다짐으로 우기는 모습이면 얼마나 민망스런 꼴로 보이겠느냐? 내 주장이 옳은 만큼 남의 생각도 옳을 수 있는 법이지. 보고 싶은 것만 보고 듣고 싶은 것만 듣고 살 수 만도 없지 않느냐? 다만 비판적인 시각과 왜곡된 시각은 전혀 다른 개념이니 논리로 분명히 가릴 건 가려야겠지. 하지만 가치관의 차이에서 생기는 벽은 좀처럼 허물기 어렵더구나. 아빠는 그마저도 운명이라 생각한단다.

'순수한 사람은 대접받을 수 있지만 순진한 사람은 바보 취급 받는다.'는 말도 있지. 삶에 있어 현명한 처신은 반드시 요구되는 바지만 너무 꼬장꼬장 살아도 득 될 건 없더구나. 더구나 공동체를 의식하지 않는 이기적인 처신은 단절의 빌미로 작용할 수 있으니 주변을 살피는 마음가짐을 소홀히 말거라.

하루를 시작함에 당일 마무리할 일을 빈 틈 없이 챙기는 마음의 방도를 다지거라. '오늘'이란 두 번 다시 오는 법이 아니니 그 하루에 충실하고 최선을 다함이 옳지 않겠느냐?

경험해 봐서 알겠지만 그날 할 일을 깔끔하게 매듭짓게 되면 천근 같이 나른한 몸이어도 마음만은 후련하고 뿌듯함이 따르게 마련이지만 끝을 보지 못한 상태라면 마음이 더 무겁지 않더냐?

살아가면서 때로 인력으로 어쩔 수 없는 기막힌 상황을 맞게 되면 고뇌의 심연에 빠지게 되어 괴로움이 클 수밖에 없겠는데 냉정한 가슴으로 방안을 모색하며 가볍게 털고 일어설 줄 안다면 그것이 곧 문제해결에 접근하는 첫걸음이 아닐까 생각한단다. 어떤 경우를 당해도 허둥대지 말거라. 마음이 바쁘면 될 일도 틀어질 수 있는 법이란다. 마음에 평정을 얻는다는 것은 심신의 건강 유지는 물론이고 삶의 셈법까지도 그만큼 성숙해졌다는 의미가 되는 게지. 때문에 의도치 않은 위기에 대처할 마음의 준비성은 필수라 생각한단다. 이 역시 삶을 건강하게 지탱하는 기본이 아니겠더냐?

'뿌린 대로 거둔다.'는 말이 있지. 무심코 뱉은 한 마디 말조차도 예기치 않은 결과로 연결될 수 있음을 뜻하는 것이니, 평소 긍정의 표현, 예쁜 말 쓰기를 잊지 말기 바란다.

아름답고 순한 마음에서 고운 말이 나온다고 하지 않더냐? 의견 개진의 경우에도 염치를 차리며 상대방의 생각을 존중하고 칭찬을 앞세우는 습관을 키우도록 하거라. 그리고 '나는 할 수 있다.'는 긍정 마인드로 스스로의 가능성을 추구하며 키워가는 노력 또한 아끼지 말거라.

언행이나 삶의 모습이 자신의 존재가치와 품격을 결정짓는 중요한 요소가 된다는 점도 명심하거라. 대접받고 존경받는다는 게 쉬운 일이 아니지 않느냐? 받고 싶은 그 이상의 노력이 필요한 건 당연한 거지. 향기가 느껴지는 사람을 보면 절로 고개가 숙여지지 않더냐?

누구에게나 인생의 황금기를 맞을 기회는 열려 있다고 본단다. 마음먹기에 따라서 세상은 생각 이상으로 아름다울 수 있다고 생각한다. 내 가족과 주변을 사랑하고 세상 모든 것을 사랑의 눈으로 보며 특히 나를, 그리고 내 삶을 사랑하자. 그리고 용서와 감사를 모르며 증오를 품은 속 좁은

AHNCHUNGUN

가슴은 메마르고 병든 마음일 수 있음을 새기며 살자.

"내일 지구가 멸망한다 할지라도 나는 한 그루의 사과나무를 심겠다." 라고 한 네덜란드 철학자 브뤼흐 스피노자가 한 말이 언제 들어도 삶을 보는 신선한 긍정의 의미로 느껴진단다. 우리 모두도 아름다운 꿈나무를 심으며, 정직하고 착하게 살자. '고분고분 살자면 이 거친 세상 어떻게 차고 나가랴?' 싶긴 하지만, 현실을 직시하는 의지마저 꺾으란 뜻이 아니고 누구 앞에서나 똑바로 설 수 있는 사람으로 살자는 뜻이다.

뭐니 뭐니 해도 건강이 행복의 제1요건이란다. 건강한 삶은 무엇보다 짜임새 있는 생활과 안정된 정신세계에서 얻어지는 거니까.

아빠는 지난 날, 극도의 불규칙한 생활 습관은 물론 끼니 거르기는 예사였고 삶과 연관된 과도한 스트레스를 극복하지 못한 연유로 위장 장애는 달고 살다시피 했고 신장 때문에도 오랜 기간을 병고에 시달렸던 거 너희도 익히 알고 있지?

누구나 체질에서 유전학적인 약점 부분이 있게 마련이어서 장기간에 걸친 고르지 못한 생활방식과 악성 스트레스는 심신의 위약부를 헤치는 독소로 작용하며 병이 길어지면 생명의 위기로 치달을 개연성도 커지는 것 같더라. 아무리 사소하다 싶은 병이라도 가볍게 보지 말 것이며 삶을 통해 크든 작든 스트레스는 받게 마련인데 병을 멀리 하려면 규칙적인 생활 습관과 꾸준한 마음의 정화를 통해 스트레스를 누그러뜨리는 훈련도 게을리 하지 말아야 할 것이야.

적당한 긴장감은 삶에 윤활유 역할을 한다는 이야기도 있더라마는 후회될 때는 이미 늦었다 할 수 있어요.

한 마디만 더 보태자꾸나.

맑고 깨끗하게 산다는 의미의 비중을 생각하며 산다고는 할지라도 노후의 경제문제는 생계비 외에도 주의 깊게 고려할 요소가 많다는 것을 예전엔 미처 몰랐단다. 살아보니까 병원비도 만만찮고 별도로 지출해야 할 여러 가지 사정이 난데없이 발생하곤 하더구나. 평생의 안정을 위해 유념해서 챙기도록 하거라.

건강한 마음이 건강한 육신을 이끈다는 것을 지나고 보니 알 것 같더라.

어두운 마음, 감사를 모르는 평화롭지 못한 마음은 병을 끌어들이는 촉매재가 되는 셈이야.

속을 끓이거나 앙심 같은 것도 품지 말거라. 누가 내게 해코지 했다면 그건 나를 그만큼 성숙시키는 기회이니 고마운 일이야.

따질 건 분명히 따져 밝히되 너그러운 마음으로 보듬을 줄도 알아야 한단다. 반대로 누가 모자라 보인다 해서 깔보지도 말고 오히려 감싸는 마음을 키우기 바란다. 어떤 인격도 존엄한 것이니까. 세상 모든 것을 사랑할 줄 아는 고운 마음, 그것이 삶을 살찌게 하는 것이라 믿는다.

너희들의 가장 가까운 친구로
오래도록 기억되고 싶은 아빠가

AHNCHUNGUN

부록-인터뷰

- 1969년 서울대학교 미술대학 응용미술학과 졸업
- 1987년 서울올림픽조직위원회 디자인 전문위원 역임
- 1992년 대전국제무역박람회(EXPO '93) 조직위원 역임
- 2008년 서울시 한강르네상스프로젝트 MP위원 역임
- 2009년 동남상권개발프로젝트 MP위원 역임(SH공사)
- 2010년 자전거길 조성프로젝트 MP위원 역임(행정안전부)
- 대한민국 산업디자인전 국회의장상(1972), 대한민국 산업디자인전 한국디자인포장센터 이사장상(1974), 한국어린이도서상 일러스트레이션 본상(1981,한국출판문화협회), 가톨릭미술상(1999) 등 수상
- 동탑산업훈장(1993), 보관문화훈장(2018) 수훈
- 2015년 제4대 디자이너 명예의 전당 헌액
- 숙명여자대학교 산업미술학과 명예교수
- 대한민국 산업디자인 초대작가
- ahncu42@hanmail.net

용인 버들치 마을에 자리한 아파트에 들어서니 선생께서 마중 나와 계셨다. 무테안경에, 정갈하게 다듬은 구레나룻과 턱수염, 호리호리한 몸매를 감싼 셔츠는 마치 애플사의 창업자 '스티브 잡스'를 연상케 했다. "요즘 유난히 그런 인사 많이 받습니다." 선선하게 웃는 모습이 친근하게 보였다.안정언 명예교수는 시각 디자인계의 1세대로 기업과 문화 영역 브랜드디자인의 산증인이다. 제일은행, 체신부, 인천국제공항, 예술의전당, 세종문화회관, 서울대학병원, 명동성당 등 다수의 공공기관과 기업 브랜드 작업을 총괄하며 디자인 발전에 기여했다. 그는 2015년 한국디자인진흥원(KIDP)이 주관하는 '디자이너 명예의 전당'에 헌정되었으며, 1993년 동탑산업훈장, 2018년 보관문화훈장을 수훈했다.

전래동화 〈해님 달님〉(일본 호루푸 출판사)

소나무가 보이는 집

현관에서 거실까지 이어진 복도 벽에 선생의 작품들이 걸려있었다. 흐드러진 매화꽃, 꽃그늘 아래 정답게 마주 보고 있는 나무 기러기[木雁] 한 쌍, 화사한 색감의 그림이 눈길을 사로잡았다. "그림을 그릴 때 저는 주로 아크릴 물감을 쓰지요. 아크릴 물감은 수채화부터 유화까지 자유자재로 질감을 살릴 수 있어요." 그림마다 조명이 비추고 있어 마치 갤러리를 방불케 했다. 인 교수는 최근 3년여간 나무 기러기 그림을 그리고 있다. 작품마다 단문을 곁들여 인스타그램과 페이스북에 업로드했다. 게재된 작품이 어느새 100여 개를 넘어서고 있었다. 이를 모아 화문집《나무 기러기 꿈, 일상의 행복》(가제)을 준비 중이다.

거실 한쪽에 자리한 8인용 식탁에 앉았다. 창밖으로 아름드리 소나무가 보였다. 덕분에 산수화에 들어온 듯 안온한 느낌이 들었다.

희소식을 전하는 전령사

그의 그림에는 나무 기러기가 빠짐없이 등장하고 있다. "저는 그림의 모티브를 매화와 기러기가 그려진 조선조 민화에서 찾았지요. 기러기는 믿음의 상징입니다. 특히 흰 기러기는 중국 한(漢)나라 소제(昭帝) 때 충신 소무(蘇武)의 고사에 근거해 희소식의 전령사로 알려졌지요. 기러기는 짝을 이루면 평생 고락을 함께하며, 설사 홀로되어도 다른 짝을 찾지 않아요. 또한, 공평의 아이콘이기도 합니다. 장거리 비행 시 V자 형태의 독특한 대형을 이루는데 선두의 날갯짓이 상승 기류를 만들어 무리는 힘

을 비축하게 됩니다. 앞장선 기러기는 열 배의 힘이 드는데 이때 무리는 쉼 없이 소리를 내어 응원을 보내지요. 선두가 지치면 자연스럽게 꼭지역을 바꾸는, 이른바 수평적 질서를 지니고 있어요. 비행 중 낙오자가 생기면 한두 마리가 같이 내려와 치료를 돕거나, 혹여 죽음에 이르게 되더라도 마지막 순간까지 곁을 지키다 대열에 합류한다고 합니다." 그의 기러기 예찬은 한이 없었다.

나무 기러기 그림에는 매화를 비롯한 꽃들이 빠지지 않는다. "환한 꽃처럼 마음가짐도 밝고 향기로워지길 바라는 마음이지요. 또한, 삶의 여정을 응원하는 의미로 산을 그림의 배경에 두었습니다. 산에는 오르막이 있는가 하면 내리막도 있지요. 마치 우리네 인생과 닮은 꼴처럼 느껴졌어요." 그림에는 작가의 바람이 환하게 채색되어 있었다.

생의 응원자로 남고 싶은 아버지

그림마다 짤막한 글귀를 붙인 연유가 궁금했다. "저는 슬하에 2남 2녀를 두었어요. 하나둘 혼사를 치렀는데 유독 맏이의 결혼이 늦어져 마음을 졸였습니다. 맏이가 혼약을 맺게 되자 어찌나 좋던지 아내와 함께 혼수를 챙겼습니다. 그때 사주단자에 나무 기러기를 넣는 걸 보았지요. 전통 혼례 때 신랑이 백년가약의 징표로 신부 댁에 들고 갔던 게 나무 기러기지요. 참으로 인상적이었습니다."

"생의 갈피마다 아이들에게 당부하고 싶은 말이 많았지요. 그렇다고 다 큰 자식들에게 대놓고 조언하기는 어려운 일이지요. 어떻게 전할까 궁리하던 차에 나무 기러기가 떠올랐습니다."

"나무 기러기를 그리고, 글을 붙여 마음을 전하기로 했습니다. 살면서 겪었던 시행착오들이 하나둘 떠올랐습니다. 돌아보면 아이들에게 미안한 마음이 많아요. 내가 배운 대로 엄하게 훈육했지요. 무얼 하지 말라는 잔소리도 많이 했고요. 제자들의 진로에는 조언을 아끼지 않았지만, 정작 자식들에겐 큰 도움을 주지 못했어요."

"평소에 곁에 두고 읽다가 '아, 우리 부모님이 이렇게 사셨구나' 하고 떠올려 주었으면 하는 바람입니다." 수고로움에 비해 그의 바람은 소박했다. 자식들의 생의 응원자로, 다정한 친구로 남고 싶은 아버지의 절절한 마음을 읽을 수 있었다.

나무 기러기의 꿈

그림의 소재를 같은 아이콘으로 밀고 나간 까닭은 무엇일까? "마음의 결에 나무 기러기의 뜻이 절로 스며들길 바라는 마음입니다. 제 소망은 자식들이 정직하고 서로 존중하며 화목한 가정을 이루는 거예요. 그러려면 먼저 나부터 사랑해야 합니다. 내가 사랑하니까, 하고 싶은 일이기에 한다는 마음이 출발이에요. 스스로 신이 나야 웃음꽃이 피지요. 기업이나 사회도 마찬가지예요. 과정이 즐거워야 결과도 좋습니다. 사랑이 없다면 아무것도 없는 거예요." 그의 글이 실린 《나무 기러기의 꿈, 일상의 행복》 마무리 본을 펼쳐보았다. 78편의 글들에는 〈기러기 사랑, 가족〉 〈행복의 조건〉 〈교육을 생각하며〉 〈삶을 보는 눈〉 〈디자인 정신〉 〈미래를 생각하며〉 등의 주제가 붙어있었다. 선생의 혜안은 가족 사랑을 넘어 그 영역을 넓혀가고 있었다. 그의 작품은 이미 세간에 널리 회자되고 있다. 앞으로

《한국산문》의 표지로 게재되며 또한, 이목을 모을 것이다. 안 교수의 선한 영향력의 파급이 기대되었다.

안 기사에서 교수로

봄볕이 화장하여 산책길에 나섰다. 벚꽃이 눈처럼 흩날리고 있었다. 자연스럽게 이야기는 선생의 어린 시절로 돌아갔다. 그는 일본에서 태어났다. 선친은 한때 규모가 제법 큰 이발소를 경영했지만, 해방을 앞두고 고향으로 돌아왔다. 선생의 나이 세 살 때였다.

그는 6남매의 맏이였다. 가족들은 어머니의 고향인 부산으로 내려가 정착했다. "초등학교 때 수업 준비를 돕기 위해 일찍 등교하는 당번제가 있었어요. 당번 날에는 어머니가 보리밥 대신 고슬고슬한 쌀밥에 날달걀 얹은 간장 비빔밥을 해주셨는데 어쩌면 그렇게도 고소하고 맛있던지요. 가끔 거짓 당번 행세를 한 적도 있습니다. 어머니는 제 뻔한 거짓말을 짐짓 모른 척하셨지요." 선생은 지금도 마음이 소슬해지면 돌아가신 어머니가 간절하게 보고 싶다고 했다.

그는 대학교 1학년 때 아버지를 여의었다. 학업을 중지하고 지금의 인테리어라고 불리는 실내장식 직종에서 허드렛일을 했다. 다방, 병원, 이발소 등을 꾸며주었다. 감각을 인정받아 한때 유능한 인 기사로 불렸다. 휴학과 복학을 반복한 끝에 9년 만에 대학을 졸업했다.

60년대 서울대학교 응용미술과 재학 시에는 디자인에 관한 이론이 채 정립되지 않았다. 디자이너도 도안사로 불렸다. 회화과나 조소과로 전과해야 하나 고민하며 1년여를 방황했다. "우연히 소공동에 갔다가 길거리

성당 로고디자인

에서 파는 외국 잡지를 보게 되었어요. SONY 오디오의 대중화에 관한 기사가 눈에 들어왔지요. SONY사는 기존의 값비싼 진공관식을 트랜지스터 방식으로 바꾸며 가격을 대폭 낮추었는데, 그에 맞는 실용적인 디자인을 접합해가는 과정이 소상하게 실려 있더군요. '대중의 마음을 읽어내는 게 바로 디자인이구나!' 하는 깨달음이 머리를 스쳤습니다. 모든 일에는 운명의 순간이 있다고 믿어요."

한한 새을 추구하다

안 교수에게 한결같은 응원을 보내는 사람이 있다. 바로 부인이었다.

"외삼촌의 집에 갔다가 먼발치에서 외사촌의 친구인 처자를 처음 보았

지요. 또 놀러 오지 않았을까? 궁금하여 발길이 자꾸 그리로 향하더라고요. (웃음) 수줍고 조심스러운 성격인 저와는 달리 활달하고 명랑하여 마음이 끌렸습니다. 결혼은 내 인생에 대전환을 가져왔지요. 이 또한 운명 같아요." "그림을 그리면 제일 먼저 아내에게 보여주곤 했어요. 하루는 아내가 내 그림 속 새들은 왜 꼭 혼자 있냐고, 참 외로워 보인다고 하더라고요. 깜짝 놀랐어요. 나는 그때까지 노상 그렇게 그리고 있는 줄 몰랐거든요. 그 조언에 따라 그림이 달라졌지요. 그때 작업한 연하(年賀) 카드가 크게 히트를 쳤지요. '한 쌍의 학'을 그린 바른손 카드였어요. 그 카드가 디자인 실적으로 인정받아 제일은행 CI(Corporate Identity)를 맡는 데 큰 역할을 했습니다."

"내 그림은 색감이 밝아요. 점점 환해졌지요. 그림이 환해질수록 괜스레 마음도 밝아졌고 무슨 일이든 잘 풀리겠거니 자신감마저 생겼어요."

그는 10여 년간 신장병으로 고생했다. 입원과 퇴원이 반복되었다. 아내의 정성스런 병간호 덕분에 건강을 되찾을 수 있었다. 선생이 올렸던 글 중 한 구절이 떠올랐다. "1+1=100이라는 행복증식 계산법, 상상치도 못한 기대치를 얻게 될 것입니다." 이 이채로운 공식의 탄생에는 부인을 향한 극진한 사랑이 깔려있었다.

안 교수는 부부지간에도 존댓말을 썼다. "부모님으로부터 배운 어법이라 자연스럽게 존댓말을 하게 되더라고요. 이제는 손자, 손녀까지 저절로 따라 하지요." 존댓말 때문에 거리감이 생긴다며 제자들이 항의(?)하기도 했단다.

"내 그릇의 물을 모두 비워야 새로운 물을 부을 수 있어요. 그래야 순환이 되지요. 내 것은 본질적으로 없다고 생각해요. 그러니 선하게 살다 가

성당 로고 및 환경디자인

야지요.

인생은 고행이라고들 하지만, 나는 고통이 주어진 과제라고 생각합니다. 그 일을 통해 더 나아갈 수 있으리라 믿으면 힘든 생각이 사라지곤 했습니다." 선생의 겸손한 말씨에 나도 모르게 마음이 단정해졌다.

인간과 자연이 공존하는 디자인

디자이너란 무엇일까? "디자이너는 발상의 전환으로 대중에게 다가서며 반 발자국씩 앞서가는 사람입니다. 늘 대중의 생각과 정서, 문화와 시대의 흐름을 읽을 수 있어야 합니다. 외국의 앞서간 디자인을 추구하거나 단지 모방하는 것이 아니라 우리의 참모습을 찾아내고자 하는 노력이 이어져야 합니다." '가장 한국적인 것이 세계적'이라는 말이 생각났다. 선생은 그야말로 뼛속까지 토종 디자이너였다. 아울러 향후 디자인이 나아갈 향방에 관한 선생의 고견을 들었다. "지금은 자연과 인간의 공존을 생각할 때입니다. 디자인도 친환경을 중심에 두어야 합니다."

"나에게 놓인 어떠한 상황이라도 이를 피하지 않고 껴안는다."는 선생의 말씀이 가슴에 남았다. 삶이 고달프다 느껴질 때 문득 안 교수의 나무 기러기가 떠오를 것 같다. "마음이 청춘이면 삶도 청춘인 겁니다."하여, 선생의 행보는 현재 진행형이다.

클릭 이사람 - 한국산문 181호 대담-유병숙

freshybs@hanmail.net

부인과 함께

한국 디자인사는 여러 인물들과 그들이 이루어온 다양한 사건들에 의해 이루어졌다. 1세대 디자이너들의 변화를 위한 시도와 새로움을 향한 노력은 디자인이 어떤 의미인지 깨닫게 했고, 우리의 일상을 다르게 했으며, 우리 삶을 변화시켰다.

현역 디자이너로 왕성한 활동을 펼치며 한국 디자인 역사를 직접 일구어온 디자이너들은 현장에서의 풍부한 경험과 발자취로 디자인이 나아가야 할 방향에 대해 누구보다도 구체적이고 현실적인 대안을 제시한다.

그들은 그들이 경험한 과거뿐 아니라 디자이너들의 현재와 한국 디자인 산업의 미래를 내다보며 디자인이 나아가야 할 올바른 방향으로 이끈다.

디자인정글은 한국 디자인 산업의 발전을 도모하고 디자인 역사에 큰 영향을 미치며 한 획을 그어온 디자인 원로들을 만나 디자인의 현주소와 앞으로 한국의 디자인이 나아갈 방향에 대해 듣고자 한다.

그 첫 번째로 국내 시각디자인 1세대이자 CI/BI 분야의 산증인 숙명여대 안정언 명예교수를 만나 이야기를 들어보았다.

"디자이너란 시대정신의 패러다임에 밀접하게 관계하는 사람이다.
그리고 인간 삶의 조건에 대한 책임의식을 깊이 다지며, 건강한 삶을 이끄는 디자인이 진정한 디자인이며 좋은 디자인이라 할 수 있다.
이러한 화두를 소홀히 할 수 없는 것이 곧 디자인 정신이다"
안정언 명예교수의 말이다. 시대정신과 문화, 패러다임 그리고 건강한 삶을 이끄는 디자인을 강조하는 그는 평생에 걸쳐 '인간을 위한 디자인, 공존이라고 하는 목적성에 근거하는 디자인 사고'를 통해 디자이너로서의 역할에 충실하려고 노력해 온 것이란 생각을 하게 된다.

우정사업부, 예술의전당, 제일은행, 부엌가구 전문회사 에넥스, 서울대학병원, 인천국제공항, 명동성당, 광주대교구 등 수많은 업종의 아이덴티티 디자인을 개발해 오면서 디자인을 통해 디자인의 순기능을 몸소 실천하고 증명한 그는 브랜드 디자인이 기업경영 이미지에 어떻게 영향을 미치는지, 우리 삶을 어떻게 변화시킬 수 있는지를 직접 확인시켜 준 산증인이자 역사 그 자체다.

그는 서울대학교 미술대학 응용술학과를 졸업하고 서울올림픽조직위원회, 대전세계박람회 조직위원회 등 국가적인 규모의 행사에서 디자인 전문위원 등 수많은 디자인 지원사업 등에 임하면서 한국디자인 발전사에 큰 발자취를 남겼다.

한국산업디자인전 국회의장상, 한국 어린이 도서상, 동탑산업훈장, 보관문화훈장 등 다채로운 수상실적은 물론 '한국디자이너 명예의 전당'에 헌액된 1인이기도 하다. 그는 지금도 여전히 디자인 정신을 기리며 디자인 관련 활동을 활발히 이어가고 있다.

제일은행, 우체국, 예술의전당 로고 디자인

최근 나무 기러기를 소재로 한 그의 작품 활동은 그가 부모로서, 인생의 선배로서 자녀에게 전하고자 하는 의미 있는 삶의 메시지이자 귀한 선물이다. 단순한 그림이 아닌 나무 기러기가 뜻하는 바를 바탕으로 하는 이야기를 담고 있는데, 젊은 세대를 향한 삶의 멘토가 되겠다는 의미로써, 건강하고 행복한 삶을 위한 소중한 경험을 전하고자 그가 선택한 최소한의 수단이기도 하다.

그의 이와 같은 작업은 뚜렷한 목적성을 지닌 그림일 뿐 아니라, 그 그림에 담긴 의도와 의미를 효과적으로 전달하기 위한 디자인적 발상임을 보여주고 있다.

최근 기러기 작품을 선보이고 계신데요, 기러기를 소재로 작품을 하게 되신 특별한 계기가 있으신가요?

지금까지 살아오면서 나에겐 '멘토'라는 존재가 아쉬웠어요. 자녀 결혼 준비를 하다가 문득 나 자신이 '멘토'가 되어 자녀에게 삶의 지혜를 전할 방법이 없을까 생각하게 됐지요. 그때 신랑 측의 함에 들어가는 나무 기러기를 착안하게 됐죠.

원래 기러기는 한 번 짝이 되면 영원히 함께 한다고 합니다. 그래서 우리 선조들은 혼례에서 나무 기러기를 통해 부부애에 대한 메시지를 담았지요. 기러기는 협동심도 매우 강하고 공동체적인 활동을 중심으로 하기 때문에 기러기 삶의 형태는 부부애, 동료애의 대표적인 모습인 것 같다는 생각이 들었습니다.

우리 아이들에게 해주고 싶은 이야기, 부부로 살아가면서 어떻게 사는 것이 행복한가 등 평생을 살아오며 느꼈던 여러 가지 경험이나 삶의 지혜들을 나무 기러기 그림으로 담아 전하자고 한 것이지요

나무 기러기 그림을 얼마나 그리셨나요?

당초의 계획은 1년이 52주라 52개까지만 하기로 했는데, 그리다 보니 지금까지 약 80점 정도를 그리게 됐어요. 아직도 쏟아내지 못한 이야깃거리는 많지요.

그림 재료로는 어떤 재료를 주로 사용하시나요?

아크릴 물감이나 수채화 물감 등 다양하게 사용합니다.
다 그린 후 그림을 프린트해요. 그런데 간혹 "그림은 오리지널리티가 있어야 하는데 왜 프린트(복제)를 하느냐"고 묻는 사람들이 있어요. 아시다시피 팝아트의 거장 앤디 워홀 같은 작가도 복제형 작업을 하지요. 물론 그 사람은 어디까지나 순수 예술가, 말하자면 화가입니다. 제 작업은 이야기 그림, 즉 대중적 소통을 전제로 해서 그리는 그림이기 때문에 자연히 복제가 전제되는 시각디자인 분야의 한 장르, 일러스트레이션인 것입니다.
일러스트레이션은 겉으로 보기에는 회화와 같은 시각적 언어기법을 도입하는 것이니 표현된 측면에서는 어느 쪽인지 엄밀한 구분이 어려울 수 있습니다. 그러나 순수회화라는 것과는 분명히 본질을 달리 합니다. 순수회화 분야의 오리지널리티 개념에만 갇혀있는 의식으로는 이해가 안 되는 셈이지요. 순수회화에서의 창작물이란 끊임없는 무념 무상의 과정일 수도 있는, 일관된 자기 철학 세계 속에서의 통찰을 통해 얻어내는 결과라 하겠습니다. 따라서 순수미술은 원칙적으로 주관적인 데서 출발하는 것이고, 반면에 디자인은 처음부터 객관적 소구 목표를 두고 작업을 하는 것입니다. 때문에 디자인의 산물이란 것이 대중을 위해 의도된 모습이 아니라면 미적 수준 여하에 관계없이 디자인이라 할 수 없는 것입니다. 그리고 순수미술은 작가의 주관에 따라 한결같이 자기 길을 추구할 수 있습니다만 디자인은 그럴 수 없어요. 주어지는 과제가 매우 다양하고 요구 조건이 극히 제한적일 수 있으며, 더구나 이를 철

산업디자인전 출품작

저히 수용해야 하기 때문입니다.

어떤 면에서 디자이너는 변신을 자유자재로 해야 하는 직업이라 생각합니다.그렇다고 해서 태생적인 개성에 손상을 입는다고는 생각되지 않아요. 묘하게도 아무리 지우려 해도 자기 냄새는 살아 남는 법이니까요. 그리고 나 스스로는 디자인을 문학 장르로 비유한다면 산문적이라기 보다는 시적이다 라고 보는 입장입니다.

작품 소재는 주로 어떻게 정하시나요?

작품의 소재라기보다는 다음 시작하고 싶은 방향으로는 닭과 삶의 이야기로 전개시켜 볼까 생각하고 있어요.
닭도 전통적으로 한국 민화에 '부귀영화'를 기원하는 뜻에서 흔하게 등장시키는 매우 의미 있는 동물인데 그 의미 중 중요한 하나가 부부애, 그리고 가족애예요. 자료를 모으고 여러 가지로 모색 중에 있어요. 나무 기러기가 1차 작업이라면, 닭은 앞으로 전개할 2차 작업이라 할 수 있지요.

그림에 이야기를 남으시려고 하는 의도가 많이 보이는데요.

의미를 담아 그림을 그리고, 그림의 모티프가 의도하는 뜻을 새기는 노력을 많이 하는 편이에요. 나는 디자이너이니만큼, 디자이너는 그림을 객관적인 소통의 도구로 적용시키는 것이 당연한 접근 방식이라고 생각해서지요.

한마디로 메시지의 공유라고 하는 조건이 성립되어야 한다는 것입니다. 이 그림들이 모아지면 책으로 만들어 볼까 생각 중입니다. 부모가 하는 여러 마디 잔소리보다는 그림책 하나로 자녀에게 전할 수 있는 것이라면 이 또한 색다른 의미가 될 것 같아서요.

다른 사람에게 메시지를 전하는 것, 이것은 디자인 작업의 본질과도 같은 맥락인데요.

당연하지요. 디자인 작업의 비율 중 80% 정도는 설득을 위한 준비 과정과 설득 그 자체에 소요된다고 생각해요. 디자인 안의 의도를 명쾌하게 이해하고 수용토록 이끌어 가는 수단이며 과정인 것이지요.

에넥스, 그랜드마트 로고디자인

다양한 피드백 방식을 동원하여 디자인 안과 수용자의 생각의 간극을 최소화시키는 방법이지요. 그런데 이 작업이 가장 어려운 부분이었지요. 크리에이티브 작업 외에도 설득과 관계되는 다양한 변수를 염두에 두고 보다 많은 시간을 투여하여 철저히 준비를 해야 하기 때문입니다. 따라서 방향 설정을 위한 환경분석, 사례조사, 각종 자료의 분류와 적용 등이 요구되는가 하면 필드 서베이는 물론 최종적으로 도출된 제안의 생명력에 대한 이미지 평가 등 실로 잡다한 작업들이 수반되는 것이니까요. 돌이켜 생각해 보면 그것이 디자인의 의미이며 재미였습니다.

디자인이라는 것이 왜 그런 디자인이 요구되는지, 어떤 효과가 있을 것인지, 누굴 위한 것인지, 그것을 모르고서 디자인한다면 디자인이 아니지 않나 하는 생각을 합니다. 디자이너로서 인문학적인 학습이 크게 요구되고 디자인에 대한 의식과 철학이 깊이 박혀있어야 한다고 생각되는 부분이지요. 그러고 보면 디자인이란 정말 재미있고 흥미진진한 분야라 생각돼요. 나는 끝까지 디자이너이며 지금껏 디자이너로 살아온 것에 대해 큰 자부심을 느껴요.

그런 모습을 몸소 보여주시면서 후배들을 위해 길을 열어주시면 좋을 것 같습니다. 선배가 앞장서 주셔야 하지 않을까요?

질문에 대한 답은 못됩니다만, 모든 사람들이 디자인을 통해 정신적으로나 물질적으로 혜택을 받을 수 있도록 근거를 마련해 주는 것이 디자이너로서의 사명이라고 생각해요. 디자이너로서 그런 사명의식이 없다

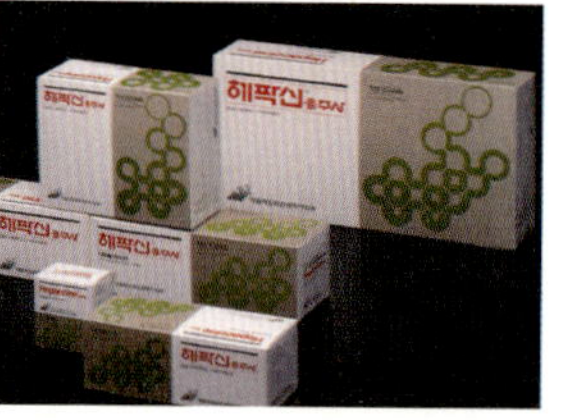

제일제당유전공학부, 가든파이브, 바른손, 충무아트센터 로고디자인

면 생명이 없는 거예요. 디자이너가 아닌 것이죠. 도자기를 굽든, 그림을 그리든 표면적으론 그 모습은 다양할 수 있지만 디자인 의식과 디자인 철학을 갖고 그것을 행한다면 디자이너로서의 사명을 이어가는 것이 됩니다. '디자인 활동은 접고 이제부턴 예술작품 활동을 한다'가 아니라 디자이너로서의 긍지를 갖고 디자인 행위를 지속적으로 이어나가야 한다는 것이죠.

지금까지 개인전을 한 번도 하지 않으셨어요.

내가 그림을 그리면 '당신은 디자이너가 아니냐, 그런데 왜 화가처럼 순수미술을 흉내 내느냐' 하기도 해요. 그런데 나는 디자인 의식으로

그림을 그리는 거예요. 말하자면 생각의 공유를 기본 정신으로 하는 커뮤니케이션 아트를 하는 것이죠. 순수미술과는 목적성이 전혀 다른 것입니다.

지금까지 개인전을 하지 않은 이유도 같은 맥락이에요. 자신의 작품을 단순히 감상용으로만 벽에 걸어놓는다는 건 의미 없다고 봐요. 콘텐츠라는 관점에서 접근해야 한다고 생각합니다. 그래서 평면적인 전시는 의미가 없다고 보는 셈이지요. 삶 속에 녹아 들어야 되는 것이라는 생각으로 일관하고 있어요.

선생님이 생각하시는 콘텐츠 사업이라면 어떤 것이 있을까요?

디자인 분야에서의 컨텐츠란 말은 매우 포괄적인 의미를 갖는 것으로 인간의 삶에 생산적으로 영향할 수 있는 다양한 장르에 걸친 유형 무형의 정신문화적 소산을 의미한다고 생각합니다. 창조적 사고가 전제되기 때문에 무한한 확장성을 가지며,
정신, 물질 양면에서 엄청난 가능성을 안고 성장 발전하는 모습을 보게 됩니다.
지극히 단순한 예로 그림은 그림이면서 동시에 기능성 생활용품이나 특정 대상을 향한 교육기구 등의 형태로 발전시킬 수 있는 것이라면, 그 그림은 이미 그림의 범위를 뛰어 넘은 모양이지요. 그림의 이야기가 있는 동시에 용구로써의 기능까지 갖추었으니 이것도 하나의 콘텐츠가 아니겠나 생각합니다.

이제 디자이너가 수주 형식에만 의존하는 소극적 디자인 활동보다는 자신만의 독자적 컨텐츠 영역을 구축하여 소비 대중과 함께 호흡하는 생산 지향형 활동에 주력하는 기회를 극대화시켜 나가야 한다고 생각해요. 이것이야말로 진정한 디자이너의 길이 아닌가 생각되지요.

일반적인 질문입니다만, '디자인'이란 무엇이라 생각하시나요?

디자인을 하면서 디자인의 세계를 넓히려면 엔지니어도 필요하고 폭넓은 분야의 기능인도 필요하고 제조업자도 필요해요. 이렇게 모여서 목적을 해결하기 위해 상호 협력한다면 이것이 진정한 디자인 행위가 아닌가 생각합니다. 어느 영역을 전공했느냐 그것이 중요하지 않다고 봐요. 전공을 따지고 그 안에만 머무는 것은 본질적으로 디자인적 사고가 아니라고 생각해요. 디자인은 문화의 융합이며 문명과 기술의 복합인 거죠. 미래 디자인은 당연히 그렇다고 봅니다. 디자이너는 많은 경험과 부딪히고, 그것을 체질화시키고 소통할 수 있는 잠재력과 능력을 키우는 것, 그것이 디자인의 본질이에요. 디자이너가 주인공으로 나서기만 하면 되는 것이 아니지요.

여러 사람의 능력을 함께 하고 조율할 줄 알아야 빛이 난다는 말이군요. 즉 협업이 필요하다는 말씀이신데

디자인이라는 것 자체가 오케스트라와 같아요. 내가 어떤 디자인을 전공했건 오케스트라의 지휘자 같은 존재가 돼서 전체를 조화롭게 이끌

어나가는 것, 그게 디자이너예요. 프로젝트의 책임자라는 의식을 갖고 접근해야 해요. 본질을 벗어나지 않으면서 그것을 넓히고 키워나가는 사람이 진정한 디자이너예요. 협업을 모르는 사람은 디자이너가 아니지요.

교수 시절 학생들을 가르치실 땐 어떤 내용을 강조하셨나요?

내가 대학에 입학했던 시절만 해도 디자인이 뭔지 제대로 알기가 쉽지 않았어요. 당시 충무로 골목의 외국서적 취급점에 틈틈이 갔었는데, 일본의 소니(SONY)가 2차 대전 이후 다시 성장의 계기를 마련하게 된 배경이 보고서처럼 소개된 책이 있었어요. 소니의 디자인 개발 방식의 소개 부분에서 눈이 번쩍 뜨였고, 흥분으로 가슴을 두근거리게 되었지요. 그때부터 디자인이란 무엇인가에 대해 관련 서적들을 찾아가며 학업에 심취하게 되었지요.

그 당시 부산에서 함께 상경한, 전공이 다른 친구들과 어울려 자취생활을 하기도 했었는데 그 친구들과의 인연 때문에 부분적이나마 마케팅 등 경영학 분야를 접하게 됐고, 결국 디자인을 바라보는 눈이 달라지게 됐어요. 훗날 내가 대학에서 강의를 하게 되었을 때는 학생들에게 바로 그런 시각을 심어 주고 싶었습니다.

80년대였나요? 선생님께서 디자인하셨던 연하장 카드가 큰 이슈였는데요. 최초로 등장한 디자이너 카드였죠?

당시, 한국시각디자인협회(KSVD)에서 협회전을 한 적이 있는데, 거기서 1등으로 회원상을 받았어요. 그러나 집안 잔치식 디자인 그룹전을 한다는 것이 무의미하다는 회의가 생겼고, 디자인의 본령인 대중 소통이라고 하는 기회를 트기 위해 그 작품을 들고 바른손이라는 연하장 카드회사를 찾게 되었지요. 당시는 주로 화가의 그림을 빌려서 연하장을 만드는 상황이었는데, 가만히 보니 그게 곧 디자이너가 할 일인 것 같았죠. 그래서 바른손 회장을 직접 만나 담판을 했어요.

우리나라 최초의 디자이너 참여 카드가 등장하게 된 거죠. 다행히 내가 디자인한 학 그림이 히트를 쳐서, 그 이후 다른 연하장 카드회사들이 디자이너스 카드를 따라 만들기 시작한 계기가 되었지요.

그 당시는 우리나라에 처음으로 CI에 대한 붐이 일기 시작하면서 은행이 주도적으로 CI 도입이 활발할 때였을 땐데, 제일은행의 CI 도입이 엄청난 이슈가 됐었지요?

잡화브랜드 로고디자인

바른손 카드 작업이 나의 유일한 포트폴리오가 된 셈이었어요. 제일은행 임원 한 분의 적극적인 주선 덕분에 프로젝트를 맡게 됐지요. 당시의 제일은행 심벌마크는 매우 올드하고 보수적이었을 뿐 아니라 은행의 실적마저도 시중 은행 중 최하위여서 타행에 비해 이직률도 높았다고 했어요.

CI를 통해 은행을 다시 일으켜 세울 수 있는 디자인을 주문 받은 셈이지요. 당시에는 은행이 관료적이고 문턱도 무척 높은 환경이었어요. 시민들은 감히 혜택을 크게 누릴 수 없는 그런 곳이었죠. 그래서 은행의 낡은 관행에서 탈피할 수 있도록 높은 문턱을 없애고, 고객 위에서 군림하는 은행이 아닌, 고객을 위해 몸소 뛰는 은행으로 변화하도록 해야겠다, 모든 사람들이 친구같이 느끼는 은행을 만들어야겠다고 생각했어요. 하지만 이를 조형적으로 풀기가 상당히 어려웠어요. 그래서 은행명 그대로의 '퍼스트 뱅크, 최고, 넘버원'이라는 개념으로 접근하기 시작했습니다.

언어적 이미지 접근도 중요했지만 조형 언어로써의 이미지 기능도 대단히 중요한 것이었어요. 어떻게 하면 건강한 은행, 신뢰가 넘치는 은행으로써의 시각 이지를 굳힐 수 있을까가 최대의 관건이었어요.
때문에 굳건하면서도 믿음직스러운 느낌을 주는 심벌마크 디자인을 위한 고심의 연속이었어요. 연약하지 않은 느낌을 표현하기 위해 타원 하나만 해도 수십 번을 그렸고, 어느 순간 묵직한 대륙적인 이미지를 갖추게 되었지요. 4~5개월 동안 그 작업으로만 씨름을 한 셈이었는데, 그 기간 동안 몸무게 3kg가 빠질 정도로 열정적으로 작업했어요.

그런데 그 디자인이 처음부터 쉽게 받아들여진 것은 아니었어요. 그 시대의 심벌마크 경향과는 너무도 다른 이미지였기 때문이었죠.

하지만 내부적으로는 행원들에게 '당신이 최고다, 당신이 있어 우리 은행이 사는거다'라는 메시지를 주었고, 외부적으로는 고객들에게 '당신을 으뜸으로 모시겠다'는 메시지를 전하는 캠페인을 펼치도록 했지요. 고객들에게 심벌마크에 대한 배경 설명을 일일이 편지로 보내기도 했고, 이에 대한 이미지 비교 조사도 했어요. 다행스럽게도 선호도가 대단히 높게 나왔어요.

재미있는 에피소드가 또 있는데, 한 번은 대강당에 당행의 행원들이 가득 모인 자리에서 CI에 대한 설명회를 하면서 기존의 제일은행 심벌마크와 비슷한 여타 기업 심벌마크들을 섞어놓고 자기 은행 심벌마크 찾기를 했더니 제대로 맞춘 사람이 10프로에도 미치지 못하더군요. 자신들이 근무하는 은행의 심벌마크조차 제대로 구분하지 못하는 사태가 벌어졌어요. 따져보면 행원 스스로가 자기 직장에 대한 긍지나 신념조차 빈약했던 것이지요.

연구 보고서는 이미지 정착을 위한 캠페인 계획도 포함하여 경영진의 조건부 승인도 받게 되었지요. 그 시점에 제일은행 행장님이 유럽에서 열린 세계 은행장회의에 참석하는 기회가 있었는데, 명함을 만들어 그곳에 세계적인 은행장들의 반응이 어떨지 상황을 살펴보겠다는 것이었죠. 통신환경조차 열악했던 시절, 은행장께서 유럽에 가신 지 일주일도 안돼서 CI 디자인 프로젝트를 진행하던 대로 속행시키라는 통신을 전갈 받게 되었고 이때는 정말 뛸 듯이 기뻤죠.

새로운 CI 도입 후부터는 이 은행의 모든 본 지점이 업무 시작과 함께 행원들이 문 앞에 두줄로 서서 '일등으로 모시겠습니다' 라는 어깨 띠를 두르고 출입 고객을 향해 아침 인사를 했습니다. 그리고 시내 어디서든 눈에 띄는 오렌지색 간판 컬러로 인해 사람들은 제일은행이 왜 이렇게 갑자기 많이 생겼냐고 수군대기 시작했고, 그 당시 버스 안내원들조차도 한 달 남짓밖에 안되었음에도 은행원들의 배지를 보고 제일은행을 알아봤어요. 순식간에 유명해진 것이죠.

제일은행 CI는 국내의 모든 은행, 모든 금융기관이 CI에 관심을 쏟게 되는 결정적인 계기가 되었습니다.

'올커뮤니케이션'이라는 이름의 CI 연구소도 설립하셨죠?

관공서나 공공기관 관련 일을 하게 되니 개인 명의의 계약이 까다로웠습니다. 여러모로 어려움을 겪게 되어 부득이 연구소라는 법인 형식을 취하게 되었어요. 이후 대충 30년 정도의 세월이 흘렀는데, 건강 등 여러 가지 사정으로 경영에서 손을 떼게 되었지요

숙명여대에서 교수로 재직하실 때 특별히 기억되는 에피소드는 없었던가요?

학교 당국에 몇몇 제안을 한 적은 있어요. 기존의 학교 경영방식이 전근대적이라는 느낌을 받았던 것이죠. 하드웨어적 접근도 중요하지만 미래를 보는 소프트웨어적 접근도 전혀 새로운 시각에서 검토되고 구축 강화시켜 나가야 되지 않느냐는 소견이었습니다. 우선 생각나는 것으로 학교 시설이 높은 공실률로 인해 눈에 보이지 않는 경제적 소모가 크다는 지적이었습니다. 공간 낭비가 심하다는 거죠. 강의실의 사용 유무에 관계없이 전체 냉난방은 무조건 해야 했으니까요.

강의실 이용 특성을 크게 나눠보면 대체로 3가지 유형으로 구분 지을 수 있습니다. 특정 전공분야의 경우는 실험연구실이나 제작실 같은 붙박이형 전용 장소가 요구되고 실기 중심형 강의실, 그리고 순전히 강의

만 이루어지는 곳이 있는데 일반적으로 강의 중심형은 전용공간이 요구되지 않죠. 때문에 강의실의 경우는 100% 활용을 목적한 치밀한 계획으로 낭비를 극소화할 수 있다는 것입니다. 엄밀한 의미에서 단과 대학별 구분을 해체시키면 된다는 생각이었어요. 대신에 강의 구조 성격에 따로 수강료를 차등화시켜야 할 필요가 있다는 제안도 했었지요.

그리고 미래지향적인 관점에서도 단과대학 제도는 무의미해지고 있어, 학생들이 어느 강의든 자유롭게 선택해서 들을 수 있도록 해서 새로운 학문의 패러다임을 열어주도록 하는 것도 중요하다고 생각했고요. 자신의 출신 대학이 중요한 것이 아니라 공부해 본 경험이 중요해지도록 만들고 싶었습니다. 아직 어느 대학에서도 관심을 두는 곳이 없는 것 같은데, 나는 지금도 이런 것은 반드시 이루어져야 한다고 봐요. 장소나 도구 개념으로써의 하드웨어는 언제든지 빌려 쓸 수 있다는개념으로 전환되어야 한다는 생각입니다. 중요한 점은 소프트웨어 기반 중심형 학교를 만들어야 한다는 것이죠. 그리고 학교라는 것이 한번 학생은 생을 다할 때까지 고객으로 이끌어 주어야 한다는, 말하자면 평생 A/S제도를 학교가 마련하고 체계적으로 운영해야 한다는 것이지요. 한 번 고객은 영원한 고객이라는 생각이 교육기관에도 적용되는 겁니다. 학교에서 운영하는 프로그램 중에는 졸업생의 자녀는 물론 가족 모두가 또 새로운 교육 서비스의 대상이 되는 거지요. 예컨대 부모가 자녀를 학교에 위탁하고 부모가 자기 시간을 자유롭게 확보할 기회를 마련할 수 있고, 학교는 자녀의 안전 케어는 물론 성장교육 서비스에 임하는 조건이 되는 것이고요. 부모는 학교의 운영시설에서 미용이나 피트니스, 식사 쇼핑까지도 즐길 수 있게 하는 그런 환경이 필요하다고 봐요.
학교가 자리하는 지역 문화적 특성이나 당해 학교의 전문성을 연계할 수도 있다는 생각이지요.

우리 미래는 빠르게 변하고 있습니다. 교육기관부터가 고정관념을 과감히 버려야 하는 시대에 돌입하고 있습니다. 우리나라 어느 대학에서도 미래지향적인 경영 환경을 고려하는 곳이 뚜렷이 보이지 않는다는 게 안타깝습니다.

마지막 질문인데요, 디자이너의 본질, 디자이너로서의 자세는 무엇인가요?

영원히 생산적인 활동을 하는 것, 그것이 디자이너의 본질이라 봐요. 저는 생명이 다할 때까지 디자인을 생각하며 살 거에요. 할 일이 굉장히 많아요. 집안에 하루 종일 혼자 있어도 무언가 끊임없이 쓰고 보고 찾아요. 그것이 습관화되어 있어요. 몸은 늙고 쇠잔해지더라도 마음은 영원히 청춘이고, 항상 미래에 대한 희망을 갖고 살아야 한다고 생각해요. 그 희망이라는 것이 반드시 가정경제와 관련시킬 이유는 없습니다. 행복은 스스로 만들어 가야 하는 것이니까요. 나는 끝까지 그렇게 살아갈 작정입니다.

디자이너로서의 자세는 인간이 인간답게 살수 있도록 하는 것, 수어진

지구환경에서 아름답게 생명을 느끼면서 살아갈 수 있도록 하는 것, 그런 의식을 여러 사람들에게 부여해 주도록 노력하는 것, 그것이 곧 디자이너의 책무이자 역할이 아닌가 생각합니다.

장시간 인터뷰에 감사 드립니다. 건강에 유의하시면서 국내 몇 안 되는 디자인계 원로로서 후배들에게 계속해서 좋은 말씀 해주시길 부탁드립니다.

디자인정글 - 특별초대석, 2021-6-28
인터뷰어_ 정석원 편집주간(jsw@jungle.co.kr)
에디터_ 최유진(yjchoi@jungle.co.kr)
사진제공_ 안정언 명예교수

거실로 들어가는 복도 벽에는 액자가 가득했다. 액자 속 그림에는 하나같이 입을 맞댄 기러기가 한구석을 차지하고 있었다. 엄지손가락을 치켜든 모양을 형상화해 은행업계에 일대 혁신을 몰고 왔던 제일은행 CI(Corporate Identity), 대한민국 국민이라면 누구나 한 눈에 알아볼 수 있는 제비 모양 우체국 로고 등을 만든 '전설적 디자이너' 안정언 숙명여대 명예교수는 기러기 한 쌍에 어떤 의미를 담고 싶었던 것일까. 〈시사오늘〉은 6월 22일 경기도 용인시에 위치한 안 명예교수의 자택에서 디자인의 현재와 미래에 대한 그의 이야기를 들어봤다.

"기러기의 교훈…사랑 · 존중하며 살라는 것"

안 명예교수는 자신의 인스타그램에 100여 개의 작품을 업로드해뒀다. 거기에도 기러기 한 쌍은 빠지지 않는다. 그리고 작품 하나하나에는 그동안 체득한 삶의 지혜를 댓글 형태로 남겼다. 디자인에 대한 이야기를 나누기 전에, 왜 기러기가 들어간 작품을 인스타그램에 올리기 시작했는지부터 물었다.

-최근 작품에는 꼭 기러기 한 쌍이 들어간다. 왜 기러기를 모든 작품에 담았는지 궁금하다.

"우리나라 전통 혼례를 보면 신랑은 나무기러기를 만들어서 신부 집에 가지고 간다. '우리는 평생 기러기처럼 행복하게 서로 믿고 열심히 살겠습니다' 하는 의미다. 기러기는 한 번 짝을 맺으면 한쪽이 요절하더라도 다른 한쪽은 수절을 한다고 한다. 또 계급의식이 없고 공동체의

식이 뚜렸하다.기러기는 역V자를 그리면서 날아가는데, 앞에 가는 기러기는 날갯짓을 할 때 기류를 형성해서 뒤에 가는 기러기들이 편하게 따라올 수 있도록 한다.

앞에 가면 10배의 힘을 발휘해서 희생해야 하는 거다. 그렇다고 어느 한 마리에게만 힘든 걸 맡기지도 않는다. 앞에 가던 기러기가 지치면 순번제로 돌아가면서 힘든 역할을 맡는다고 한다. 이뿐만 아니라 어쩌다가 한 마리가 부상을 입거나 낙오되면, 두 마리 정도가 같이 아래로 내려와서 치료를 돕고 만약 치료가 안 되면 생을 다하는 모습까지 지켜본 다음 다시 대열에 합류한다. 이런 기러기의 속성에는 우리가 살아가

면서 지향해야 할 모습이 다 담겨 있다. 서로 사랑하고 존중하면서 살아가라는 교훈이다. 기러기를 작품에 넣게 된 이유다."

-인스타그램에 작품을 업로드하면서 짤막한 글귀도 써넣고 있는데 이유가 뭔가.

"인스타그램과 페이스북에 작품을 올리는 건 내가 나무기러기를 대신하고 싶어서다. 하하. 기러기는 행동으로 보여주지만, 나는 작품과 짤막한 글을 통해서 '이렇게 살았으면 좋겠다' 하는 마음을 전하는 거다. 또 한편으로는 자식들에게 남기는 말이기도 하다. 나중에 부모가 세상을 떠나고 나면 자식들이 생각날 때마다 이걸 읽어볼 수 있게 하고 싶다. 힘든 일이 있을 때 이걸 한 번 들춰보면서 '아, 우리 부모님은 이렇게 사셨구나' 생각하면 조금이나마 힘이 되지 않을까."

"기회는 저절로 오지 않아…내가 만드는 것"

안 명예교수는 제일은행과 체신부뿐만 아니라 인천국제공항, 예술의 전당, 세종문화회관, 명동성당 등 우리나라 굴지의 기업 · 기관 CI를 만들어낸 인물이다. 2015년에는 '한국 디자이너 명예의 전당'에 헌정되기도 했다. '제1세대 디자이너'가 생각하는 디자이너의 정의가 궁금했다.

-디자이너란 무엇인가.

"디자이너는 대중이 가진 잠재적인 니즈(needs)를 끄집어내 그들이 행복한 삶을 살 수 있도록 도와주는 사람이다. 그렇기 때문에 디자이너는 정신적인 측면에서 대중의 생각과 정서, 문화, 시대의 흐름을 읽지 못하면 결코 좋은 결과를 낳을 수 없다. 예를 들어 옷을 디자인한다고 생각해 보자. 사계절이 있는 나라가 있고, 여름이나 겨울만 있는 나라가 있다. 디자이너가 남쪽의 더운 지방에 가서 동복 디자인을 내놓으면 그걸 좋은 디자이너라고 할 수 있겠나. 이걸 이해하지 못하면 어떤 문제도 해결할 수 없다. 이게 디자인의 핵심적인 과제다."

산업디자인전 출품작

-향후 디자인은 어떤 방향으로 나아가야 한다고 보나.

"모든 것을 사랑해야 한다. 그동안 우리는 사람이 더 잘 살자고, 더 편리하고 편안하게 살자고 산업을 발전시켜 왔다. 디자인도 그에 맞춰서 발전했고. 하지만 이제는 인간과 자연이 공존해야 한다는 의식을 가져야 한다. 작은 벌레 한 마리도 이유가 있어서 존재한다. 먹이사슬이라는 게 있지 않나. 서로 먹고 먹히면서 살아가는 게 지구였는데, 인간의 욕심 때문에 순환 고리가 끊어진 게 너무 많다. 이 상태로 가다가는 인간이 그 짐을 다 짊어지고 망하게 될 거다. 지구가 인간을 잡아먹을 시기가 왔다. 이제는 모든 분야에 종사하는 사람들이 공존이라는 개념을 기억해야 한다. 나를 지키기 위해서라도 모든 것을 사랑하고, 모든 것을 지켜나가기 위해 노력해야 한다. 디자이너도 이런 흐름에 맞춰야 한다. 자연의 값어치를 이해하고, 자연을 보전하면서 공존의 의미를 생각할 줄 아는 자연주의 디자인, 민주적인 디자인, 모두를 위한 디자인을 추구하는 게 지구가 살 길이고 사람이 살 길이다."

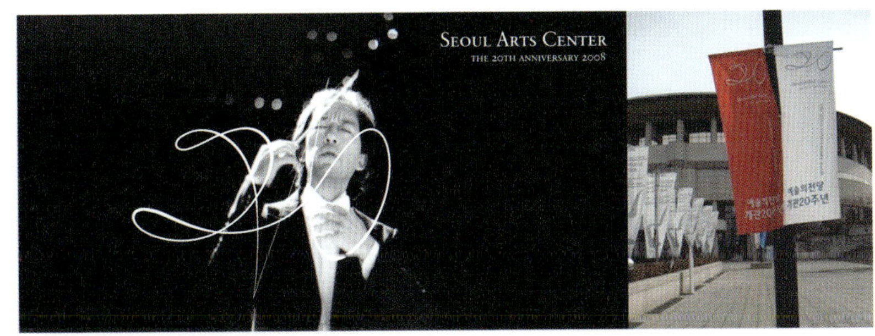

예술의전당 20주년 엠블럼, 미술관 로고디자인

-마지막으로 후배들에게 조언을 한다면.

"프리츠커 상이라고, 건축계의 노벨상으로 불리는 상이 있다. 미국에서 8명, 일본에서 7명을 배출했고 유럽 쪽에서도 2~3명씩을 배출했는데 우리나라에서는 한 명도 안 나왔다. 우리나라 건축가는 배가 너무 고프기 때문이다. 일을 주는 것만 해도 감사하니까 일을 맡기는 사람이 해달라는 대로 해준다. 그래야 골치 아픈 일이 없이 잘 넘어가니까. 그런데 이러면 좋은 작품을 할 기회가 없다. 만약 내가 그렇게 했으면 이 자리에 올 수 없었을 거다. 기회는 남이 주는 게 아니라 내가 만드는 거다. 춥고 배가 고프더라도 허리띠를 졸라매고 싸워서 극복해야 한다. 그래야 내가 바로 설 수 있다. 내가 바로 서야 다른 사람들이 나를 볼 수 있고, 그래야 내가 팔린다. 하루하루 사는 데 급급해서 끌려가다 보면 3류, 4류가 되고 조용히 사라질 수밖에 없다.

BTS를 탄생시킨 방시혁 씨도 집안의 반대를 뚫고 음악을 했다고 한다. 그러면서도 성공할까 실패할까 하는 생각은 전혀 하지 않았단다. 그냥 하고 싶으니까 하고, 자연스럽게 거기 빠졌다고 한다. BTS도 그렇게 탄생한 거다. 과거에 한 사진작가가 내게 해준 말이 아직까지도 또렷이 기억난다. '사진에 미쳐서 암실에 들어가서 세월 가는 것도 모르고 계절 바뀌는 것도 모르다가, 어느 날 커튼을 열고나오니까 내가 유명해져 있더라.' 한 번쯤 생각해 볼 말이 아닌가 싶다."

출처 : 시사오늘 제258호 2020-7-21 정진호 기자
(http://www.sisaon.co.kr)

한국시각디자인협회전-한국의 이미지